Thomas Kastura

Warten aufs Leben

cbt – C. Bertelsmann Taschenbuch
Der Taschenbuchverlag für Jugendliche
Verlagsgruppe Random House

Unterrichtsmaterialien zu diesem Buch
sind erhältlich unter: www.randomhouse.de

Mix
Produktgruppe aus vorbildlich
bewirtschafteten Wäldern und
anderen kontrollierten Herkünften

Zert.-Nr. SGS-COC-1940
www.fsc.org
© 1996 Forest Stewardship Council

Verlagsgruppe Random House FSC-DEU-0100
Das für dieses Buch verwendete
FSC-zertifizierte Papier *Munken Print*
liefert Arctic Paper Munkedals AB, Schweden.

3. Auflage
Originalausgabe April 2006
Gesetzt nach den Regeln der Rechtschreibreform
© 2006 cbt/cbj Verlag, München
in der Verlagsgruppe Random House GmbH
Alle Rechte vorbehalten
Lektorat: Uwe-Michael Gutzschhahn
Umschlagfoto: Fotosearch
Umschlagkonzeption: init.büro für gestaltung, Bielefeld
If · Herstellung: CZ
Satz: KompetenzCenter, Mönchengladbach
Druck und Bindung: GGP Media GmbH, Pößneck
ISBN: 978-3-570-30290-3
Printed in Germany

www.cbj-verlag.de

Keine der Personen in diesem Buch hat einen realen Menschen zum Vorbild. Die Geschichte ist frei erfunden, wenngleich die Orte, an denen sie spielt, zum größten Teil wirklich existieren.

1

Tara umklammerte die Couchlehne. Sie griff fest zu, spürte, wie die Nähte des Bezugs nachgaben. Mit der andern Hand beschrieb sie einen unregelmäßigen Kreis.

»Dann geh doch!«, rief sie. »Keiner vermisst dich!«

»Du bist betrunken, Tara.«

»Alkohol täte dir auch ganz gut. Wir feiern hier eine Party! Kannst du nicht einmal aus dir rausgehen?«

»Was soll ich tun?« Steffen hatte keine Ahnung, wovon sie sprach. Wegen der dröhnenden Bässe konnte er sie nur mit Mühe verstehen.

»Leben, verdammt!« Tara schob sich an ihm vorbei und drehte die Lautstärke der Stereoanlage noch weiter auf.

Steffen stand steif neben der Terrassentür, unentschlossen, ob er die Fete verlassen oder bleiben sollte. Er wirkte wie ein Fremdkörper unter all den andern. Sein kariertes Hemd steckte tief in der Hose. Seine glatten, kurzen Haare waren frisch gewaschen, was man deutlich sah: Sie standen ein wenig ab. Und mit seinen Händen wusste er wie immer nichts anzufangen.

Steffens Hände waren ein Kapitel für sich. Meistens hingen sie herab, als gehörten sie nicht zu ihm. Sie waren ungefähr so lang wie Taras Füße, am Baggersee hatten sie es kürzlich unter großem Gelächter verglichen. Beim Schwimmen kamen ihm diese Hände zustatten, in den meisten anderen Situationen waren sie hinderlich.

»Zu welchem Verein gehörst du denn?«, fragte ein Junge und wies auf die Jackenärmel, wo Steffens Mutter eine Stoffplakette aufgenäht hatte. Das Abzeichen zeigte ein rotes Kreuz, umringt von einem blauen Schwimmreifen.

»Wasserwacht.« Steffen verschwieg, dass er als Jugendlicher bei richtigen Einsatzübungen nur zuschauen durfte.

»Cool«, sagte der Junge und ging auf die Terrasse. Steffen fand das Abzeichen auch cool, aber die Bemerkung des Jungen hatte mitleidig geklungen.

Janine und Britta liefen auf der Tanzfläche zur Höchstform auf. Hergen, Turk und ein paar ältere Jungs feuerten die beiden an. Tara fand es ziemlich gewagt, wie sich die zwei zum Rhythmus der Musik bewegten. Sie rollten mit dem Becken, als wollten sie gleich einen Striptease hinlegen.

Taras Eltern waren übers Wochenende zu einer Geburtstagsfeier nach Krefeld gefahren. Ihr Abschied war so eindringlich gewesen wie das Vertrauen, das sie ihrem einzigen Kind entgegenbrachten. Gut, dass sie weg waren, dachte Tara, sonst hätte ihr Vater sich unter die Gäste gemischt. Bert Gregori hätte auf jugendlich gemacht, damit Tara sich nicht für ihn schämen musste. Normalerweise mochte sie es, wenn er ihr einen Wunsch von den Augen ablas – nicht jeden Wunsch, er ließ sich ungern manipulieren. In seinen ewig weißen T-Shirts sah ihr Vater sogar präsentabel aus. Beim Anblick von Brittas Bustier wäre ihm jedoch der Kopf von den Schultern gefallen. Es war zwei Nummern zu klein und gab mehr preis, als es verhüllte.

Tara überprüfte den rasch schwindenden Getränkebestand. Anfangs hatte sie noch befürchtet, dass sie auf den vielen Flaschen sitzen bleiben würde. Die Fete hatte sich lahm angelassen. Sie waren in Grüppchen herumgesessen, keiner wollte den Anfang machen. Das Wohnzimmer der Familie Gregori strahlte eine nüchterne Eleganz aus, als hingen winzige Preisschildchen an den Möbeln. Taras Freundinnen und die Jungs aus ihrer Klasse hatten sich unbehaglich gefühlt. Bis Claas gekommen war und das Eis gebrochen hatte. Er fackelte nicht lange, dafür war er bekannt. Kurzerhand hatte er den Perlenvorhang zur Diele abgerissen. Tara war das nostalgische Ding schon immer verhasst gewesen. Claas hatte sich drin eingewickelt und die Party für eröffnet erklärt.

Inzwischen war es proppenvoll. Tara kannte höchstens die Hälfte aller Gäste. Eine Menge Jungs stammten aus andern Schulen. Sie standen kurz vor dem Abitur oder wirkten zumindest so. Ihre Jacken sahen aus, wie abgetragene Jacken aussehen sollten. Steffen war verschwunden.

»Wir haben endlich braunen Zucker!« Nikola hatte die Küchentheke zur Bar umfunktioniert. Sie reichte ihrer besten Freundin einen Drink. Beide waren fünfzehn. Sie trugen den gleichen mit Pailletten besetzten schwarzen Minirock, ansonsten waren sie so verschieden wie Zuckerrohrschnaps und Limettensaft.

»Na?«, fragte Nikola gespannt.

»Schmeckt besser als diese bescheuerten Alkopops«, sagte Tara. »Wie läuft's?«

»Bestens. Die Leute sind fest entschlossen, sich zu amüsieren.« Nikola wandte sich wieder dem Zerkleinern der Limetten zu. Sie hatte alles im Blick. »Was ist mit Steffen?«

»Schmollt.«

»Wer hätte das gedacht?«

»Du weißt ja, er mag keine Feten.«

»Sehr unklug«, sagte Nikola. »Ich mixe die besten Caipis der Welt. Manche Leute wissen das zu schätzen.«

Ein groß gewachsener Junge lehnte mit dem Rücken an der Küchentheke. Er trug eine grünblaue Snowboarderjacke, zu warm für die Jahreszeit. »Schmeckt grandios«, sagte er, ohne sich zu Nikola umzudrehen.

Sie lächelte und bearbeitete die Limetten mit doppeltem Eifer. »Meine Drinks haben noch niemandem geschadet. Die reinste Medizin.« Mit Alkohol hatte Nikola bereits einige Erfahrung, mehr als sie Tara gegenüber zugab.

»Hey, das beamt einen ja direkt ins Kontinuum«, sagte der Junge.

»Bist du ein Trekkie?« Nikola fand solche Typen indiskutabel.

»Als ich noch zur Schule ging, war Enterprise okay. Jetzt stehe ich mehr auf Samurai-Filme.«

»*Tiger and Dragon*?«, fragte Tara. Sie liebte diesen Film, nicht wegen der Kampfszenen, sondern wegen der Romanze zwischen der Prinzessin und dem Räuber. Und wegen der fantastischen Kostüme.

»Zu viel Kitsch«, sagte der Junge.

»Eine richtige Schnulze«, pflichtete ihm Nikola bei, obwohl sie den Film auf DVD besaß und mit Tara schon mindestens zehnmal angesehen hatte.

Der Junge mit der Boarderjacke wies auf ein Pärchen, das etwas abseits auf der Treppe zum Obergeschoss saß. Das Mädchen balancierte zwei kleine Pillen auf dem Zeigefinger. »Möchte mal wissen, was die gerade einwerfen.«

Tara war beleidigt, weil er *Tiger and Dragon* einfach abgekanzelt hatte. Außerdem brauchte sie keinen Aufpasser auf ihrer Party, die Leute sollten tun und lassen, was sie wollten. »Ich bin hier die Gastgeberin«, sagte sie. »Was schlägst du vor? Soll ich die Polizei rufen?«

»Hast du sie noch alle?«, fragte Nikola.

»Schon gut.« Tara lachte. »War nur ein Scherz.«

Der Junge nahm seinen Drink und ging Richtung Terrasse. Nikola warf Tara einen giftigen Blick zu.

»Der kommt wieder«, versuchte Tara, ihre Freundin zu beschwichtigen.

»Weißt du, wie er heißt?«

»Keine Ahnung.«

»Meinst du, er studiert schon?«

»Oder er hat das Abi nicht gepackt und sitzt jetzt an einer Supermarktkasse«, stichelte Tara.

»So sieht er aber ganz und gar nicht aus«, sagte Nikola bewundernd. »Wenn er mir nach dem nächsten Caipi nicht seine Liebe gesteht, bist du schuld.«

»Reg dich ab.«

»Du hast gut reden, du bist ja in festen Händen.«

»Jetzt übertreib mal nicht. Das klingt ja, als wäre ich schon verheiratet.«

»Habt ihr euch gestritten?«

»Steffen ist manchmal so ... peinlich.« Tara trank ihr Glas aus und setzte sich in Bewegung. »Eins ist jedenfalls sicher: Heute Abend komme ich gut ohne ihn aus.«

2

Es dauerte eine Weile, bis Tara Claas' Aufmerksamkeit weckte. Der Geräteschuppen lag hinter der großen Eiche. Taras Großvater hatte den Schössling 1955 gepflanzt, das war ein Jahr, bevor Ulla, Taras Mutter, auf die Welt kam. Tara hatte die Geschichte so oft gehört, dass sie ihr gleichgültig geworden war. Die Eiche verdeckte den Schuppen, sodass er von der Terrasse aus kaum zu erkennen war. Jeden Herbst schlug Bert Gregori vor, zumindest die unteren Äste zu kappen. Ulla wehrte sich mit Händen und Füßen dagegen. Sie stritten sich, dann redeten sie eine Woche nicht miteinander und danach war das Thema bis zum nächsten Herbst vom Tisch.

Auf dem Rasen neben dem Schuppen hatte sich ein Kreis von sieben oder acht Leuten gebildet. Hin und wieder ging ein Joint rum. Ein Junge, der wegen seines spärlichen Bärtchens Dschingis genannt wurde, hatte ein Lagerfeuer entfacht – an einer Stelle, wo bis vor kurzem noch eine Blautanne gestanden hatte und ohnehin nichts mehr wuchs. Das Holz war zu jung, es qualmte und wollte nicht richtig brennen.

Tara genoss die Dämmerung dieses Frühsommertages in vollen Zügen. Sie hatte keine Lust mehr, sich um ihre

Party zu kümmern. Es kam ihr so vor, als befände sie sich an einem vollkommen anderen Ort, nicht mehr in einem langweiligen Wohngebiet am Stadtrand von Bamberg. Das Grundstück war fast ganz von Bäumen und hohen Sträuchern umgeben. Im unteren Teil des Gartens herrschte geordneter Wildwuchs, wie Ulla Gregori es ausdrückte. Der Schuppen sah mit seinem dunkelroten Anstrich und den weiß gefassten Fenstern wie eine Hütte in Schweden oder Norwegen aus. Tara stellte sich vor, irgendwo in Skandinavien zu sein, wo die Sommer kurz, aber intensiv waren. Sie nahm einen Schluck aus der Wodkaflasche, die sie mit nach draußen gebracht hatte, und sah einem Funken zu, wie er in den Nachthimmel stieg. Die Rettungskapsel eines Raumschiffs. Sie wünschte, sie wäre an Bord.

»So wird das nie was!« Claas nahm den grünen Ast wieder weg, den Dschingis aufs Feuer gelegt hatte, und wedelte den Qualm beiseite. »Wir brauchen trockenes Holz. Ich fühl mich schon wie ein Räucherschinken.«

Tara fiel ein, dass ihr Vater einen Vorrat Kaminholz im Schuppen lagerte. Das wäre jetzt genau das Richtige, dachte sie. Mit belegter Stimme bat sie Claas, ihr zu helfen, weil sie an den Querbalken unter dem Dach nicht heranreichte. Dort war der Schlüssel zum Schuppen versteckt.

Claas brauchte sich nicht mal zu strecken. Er war zwei Köpfe größer als Tara. Zu der Party war er mit seinem Auto gekommen, einem uralten Volvo, den er zusammen mit einem Freund wieder hergerichtet hatte. Er ging noch in die elfte Klasse, aber das lag nur daran, dass er so ziemlich alles, was ihm Spaß machte, der Schule vorzog. Seine graublauen Augen waren immer in Bewegung. Er gab Tara den Schlüssel. Sie bückte sich, ihr Top rutschte hoch, und die gebräunte Haut über ihrem Po wurde sichtbar, während sie aufsperrte. Sie kicherte albern, weil sie das Schlüsselloch nicht auf Anhieb fand.

Im Schuppen befanden sich ein Rasenmäher, Werkzeuge und allerlei Gartengeräte. Es gab zwei Fenster mit fadenscheinigen Vorhängen. Über einem alten Sofa hing ein Poster von einem Schauspieler, den Claas nicht kannte. Er lehnte an einem Motorrad und trug eine Mütze aus schwarzem Leder. Mehr war in dem abgedunkelten Raum nicht zu erkennen.

An der rechten Wand war jede Menge Brennholz gestapelt. Tara klemmte sich so viele Holzscheite unter die Arme, wie sie tragen konnte. Claas zögerte. Er war an der Türschwelle stehen geblieben.

»Komm schon«, sagte Tara. »Nimm auch ein paar.«

»Ganz schön unheimlich«, gab er zurück. »Gibt's hier kein Licht?«

Tara blickte sich verwundert um. Dann musterte sie Claas. Er hatte sich halb weggedreht und die Arme verschränkt. Die Muskeln an seinen Oberarmen traten hervor, so ähnlich wie bei dem Schauspieler auf dem Poster.

»Als ich klein war, hab ich mich hier drin gefürchtet.« Sie wies mit dem Kopf zu dem alten Sofa. »Aber da müssen noch ein paar Kerzen sein. Damit wird's hier richtig gemütlich.«

»Das reicht erst mal.« Er nahm ihr das Holz ab und ging zurück zum Feuer. Nachdem er mehrere Scheite auf die qualmenden Zweige gelegt hatte, pustete er in die Glut. Seine Lungen waren kräftig, sofort begann es, lebhaft zu knistern. Mit einer gleichgültigen Geste wischte er ein paar Funken von seinem Oberarm.

Das Kaminholz fing schnell Feuer, die Flammen schlugen hoch. Zwei Mädchen aus Taras Parallelklasse gesellten sich zu dem Kreis und schnorrten von Dschingis Zigaretten. Aus dem Haus drang hämmernde Musik. Es schien hoch herzugehen.

Claas saß neben Tara und starrte schweigend auf einen Punkt inmitten der Glut. Sie tranken Wodka.

»Hell genug?«, fragte sie und legte ihren Arm um seine Hüfte.

Er schaute sie an, als sähe er sie zum ersten Mal. »Ja. Perfekt.«

»Müssen wir jetzt die ganze Nacht hier sitzen bleiben und aufpassen, dass es nicht ausgeht?«

»Wenn's sein muss.«

»Könnte aber langweilig werden«, sagte Tara und schubste Claas leicht mit der Schulter. Er schubste zurück. Sie gab ihm einen spielerischen Stoß in die Rippen. Er schrie übertrieben laut auf und tat so, als wolle er sie in den Schwitzkasten nehmen. Sie lachten und kippten nach hinten. Claas murmelte etwas Unverständliches und küsste sie unbeholfen auf den Mund. Sie ließ es geschehen, dann drehte sie sich weg. Plötzlich rollte er mit ihr den abschüssigen Rasen hinunter. Am Rand eines Gebüschs blieben sie atemlos liegen und schauten in den Himmel. Er war tiefblau, fast schwarz, die ersten Sterne blinkten.

In Taras Kopf drehte sich alles. Sie war rettungslos betrunken, wollte aber auf keinen Fall schlappmachen. Claas' Lippen hatten sich fest und fordernd angefühlt, er schien sich seiner Sache sicher zu sein. Das galt auch für Tara.

Sie schloss die Augen, ein wenig Klarheit kam zurück. Claas lag neben ihr und rührte sich nicht.

»Hast du Angst im Dunkeln?«, fragte sie.

»Nur wenn ich allein bin.«

Er beugte sich über sie. Der Schein des Feuers glitt über seine Wangen und seinen Mund. Diesmal drehte sie sich nicht weg. Sie vergaß alles, was sie abgelenkt hatte, und sah nur noch eine Kugel aus Licht, mitten in ihrem Kopf.

Später, als Tara sich anschickte, neues Holz zu holen, folgte Claas ihr wie selbstverständlich in den Schuppen. Sie sperrten von innen ab. Das Feuer musste warten.

3

Der Perlenvorhang lag vor Tara wie eines der ramponierten Fischernetze, die sie bei einem Urlaub mit ihren Eltern an der französischen Atlantikküste gesehen hatte. Sie brauchte eine Ewigkeit, um die Schnüre zu entwirren. Ihre Kopfschmerzen waren mörderisch, die Hände gehorchten ihr nicht. Als sie alle Knoten gelöst hatte, versuchte sie verzweifelt, die abgerissenen Perlenschnüre wieder an der Leiste unter dem Türstock zu befestigen. Sie stieg auf eine Trittleiter, und tatsächlich gelang es ihr, eine Schnur festzukleben. Dann wurde ihr schwindelig und sie gab auf.

Das Haus war ein Schlachtfeld. Am schlimmsten sah das Wohnzimmer aus. Der Teppich war mit unzähligen Flecken übersät, nichts befand sich mehr an seinem Platz. Tara fühlte sich hundeelend.

Ein paar Jungs, die im Freien übernachtet hatten, saßen schon wieder auf der Terrasse und rauchten. Tara sagte ihnen, dass sie beim Aufräumen helfen oder verschwinden sollten. Sie standen wortlos auf und gingen.

Um zwölf wollten Nikola, Janine und ein paar andere kommen, um gemeinsam sauber zu machen. So hatten sie es zumindest vereinbart. Bis dahin dauerte es noch eine halbe Stunde. Tara beschloss, so lange zu warten.

Sie ging in die Küche, räumte die Spülmaschine ein, was den Berg an schmutzigen Gläsern nur minimal reduzierte, und setzte Kaffee auf. Dann legte sie große blaue Abfalltüten und Putzzeug bereit. Als der Kaffee durch die Maschine gelaufen war, ließ sie sich mit einer dampfenden Tasse auf einem Küchenhocker nieder und spürte, wie die ersten Lebensgeister zurückkehrten. Sie war froh, noch eine Weile mit sich allein zu sein, und versuchte, sich zu sammeln.

Tara war gegen zehn in ihrem Zimmer aufgewacht. Wie sie ins Bett gekommen war, wusste sie nicht mehr. Sie hatte nur noch ihren Slip an, der Rest ihrer Kleidung lag auf dem Boden verstreut. In der Dusche hatte sie Probleme gehabt, sich auf den Beinen zu halten. Als ihr Blick auf den Streifen mit der Anti-Baby-Pille fiel, hatte sie eine seltsame Erleichterung verspürt. Die leeren Stellen an dem halb aufgebrauchten Streifen zeigten, dass es eine Zeit vor der Party gegeben hatte, als sie noch klar im Kopf war.

Claas. Langsam hob sich der Nebel. Tara ging absichtlich nicht zum Schuppen hinunter. Sie konnte sich auch so dran erinnern, was auf dem alten Sofa passiert war. Reue empfand sie nicht, warum auch? Sie hatten Gefallen aneinander gefunden. Obwohl sie beide ziemlich hinüber waren, hatten sie gespürt, dass die Zärtlichkeiten des andern keiner Laune entsprangen. Tara mochte Claas. Und am meisten mochte sie, dass er erst zur Sache gekommen war, als sie die Kerze angezündet hatte.

Steffen sah unverändert aus. Er war zögernd hereingekommen, ängstlich darauf bedacht, in keine Scherben zu treten. Während er die Verwüstungen betrachtete, vor denen er geflohen war, schüttelte er den Kopf.

»Lebst du noch?« Er beugte sich vor und gab Tara einen Kuss auf die Wange.

»Nein, siehst du doch.« Sie lehnte sich gegen die Wand und schloss die Augen.

»War's so schlimm?«

»Ganz im Gegenteil. Es war fantastisch.« Bis zu dem Zeitpunkt, als ich einen Filmriss hatte, fügte sie in Gedanken hinzu. Als das Gesicht von Claas plötzlich weg und alles um sie herum in einer trüben Brühe versunken war. Es kam ihr so vor, als wären die Glücksgefühle von einem schrecklichen Traum abgelöst worden.

»Dann fangen wir mal an.« Steffen nahm eine Abfalltüte und begann, leere Flaschen einzusammeln. »Was war denn so fantastisch?«, wollte er wissen.

»Alles. Wir haben ein Lagerfeuer gemacht, unten am Schuppen.«

»Wirklich?« Lagerfeuer waren nach seinem Geschmack. »Ich dachte, ihr wolltet nur tanzen.«

»Tolle Stimmung, so unter freiem Himmel«, sagte sie unverbindlich.

»Tut mir Leid, dass ich so ein Spielverderber bin, Tara. Aber Partys sind einfach nicht mein Ding.«

»Du weißt, dass du da einiges verpasst.«

»Kann schon sein.«

»Macht dir das nichts aus?«

»Nein.« Er hielt inne. »Vielleicht doch. Aber was soll ich machen? Ich fühl mich auf Partys immer fehl am Platz. Was Britta und Janine da aufgeführt haben, findest du das gut?«

»Nein. Aber das gehört dazu.«

»Ohne mich.« Der Abfallsack war voll. Steffen machte einen Knoten hinein und fing den nächsten an. Tara stand auf und wollte ihm helfen, als Nikola durch die Wohnzimmertür kam. Sie sah furchtbar aus, obwohl sie alles unternommen hatte, ihren Kater mit Schminke zu überdecken. Nikola war Tara mal zwei. Größer, stämmiger, unkomplizierter, mehr Frau, was sie bei jeder Gelegenheit betonte. Normalerweise hatte sie immer eine schnippische Bemerkung auf den Lippen, doch jetzt ließ sie sich bloß auf einen Sessel sinken und starrte an die Decke.

»Wie geht's dir?« Tara bückte sich und hob eine leere Zigarettenpackung auf.

»Habt ihr's nicht gehört?«, fragte Nikola überrascht.

»Was denn?«

»Na, das mit Claas.«

»Was soll mit ihm sein?«

»Er ist tot.«

Tara glaubte, den Boden unter den Füßen zu verlieren. Sie hielt sich am Sofa fest.

»Verkehrsunfall. Voll gegen einen Baum, den einzigen weit und breit.«

»Was sagst du da?«, fragte Tara.

»Hörst du mir nicht zu? Er fuhr von der Party nach

Hause. Kurz hinter Wildensorg kam er von der Straße ab, keine Ahnung, warum. Das Auto ist nur noch Schrott. Er hat's nicht überlebt.«

Tara blickte durch die Fensterfront nach draußen. Der Schuppen war nicht zu sehen. Sie ging ein paar Schritte, betrat die Terrasse. Dann wurde ihr schwarz vor Augen.

4

Die nächsten Tage waren schwer. Die Trauer um Claas überschattete alles. In der Aula des Amalien-Gymnasiums wurde gleich am Montag eine Feierstunde veranstaltet. Jeder, der Claas gekannt hatte, trat ans Pult und sagte ein paar Worte. Tara blieb auf ihrem Platz sitzen und schwieg. Sie konnte nicht sprechen. Was sollte sie auch sagen, ohne sich zu blamieren? Dass Claas Angst in dunklen Räumen gehabt hatte? Daran konnte sie sich am deutlichsten erinnern. Eine Schwäche, die er ihr zuliebe überwand.

Danach hatten sie einen Tag frei. Alle waren niedergeschlagen und warteten darauf, dass irgendjemand oder irgendetwas den Spuk beendete. Doch nichts dergleichen geschah. Der Spuk wurde zu einem ständigen Begleiter.

Taras Eltern kamen aus Krefeld zurück und machten unmissverständlich deutlich, dass eine Party diesen Ausmaßes im Hause Gregori nie wieder stattfinden würde. Das war aber auch schon alles, was Tara an Vorwürfen zu hören bekam. Bert und Ulla nahmen Rücksicht auf Taras Gefühle. Sie spürten, dass sie mehr mit diesem toten Jungen verband als eine oberflächliche Schulfreundschaft. Aber sie drangen nicht in sie.

Steffen zog sich zurück. Er rief nicht mehr jeden Tag an, wie er es sonst getan hatte, vielleicht ahnte er etwas. Nikola ließ hin und wieder merkwürdige Andeutungen fallen. Tara sei in der besagten Nacht ja unersättlich gewesen. Claas habe bei ihr wohl alle Dämme brechen lassen. Mehr war aus Nikola nicht rauszukriegen. Sie hüllte sich in bedeutungsvolles Schweigen und Taras andere Freundinnen hatten angeblich nichts mitgekriegt. Es gab buchstäblich niemanden, der Tara sagen konnte, was geschehen war, nachdem sie mit Claas geschlafen hatte.

Was Claas betraf, ließ sich vieles sofort rekonstruieren. Doch nicht alles, wie sich herausstellen sollte. Er hatte nach dem One-Night-Stand mit Tara vor dem Schuppen noch ein Bier getrunken. Dann hatte er das Anwesen der Gregoris mit dem Auto verlassen. Das war natürlich ein Fehler gewesen, aber stolz, wie er auf seinen eigenen Wagen war, hatte er es trotzdem getan, niemand hatte ihn davon abzuhalten versucht. Alles Weitere stand im Polizeibericht. Bei der Wucht des Aufpralls hätte nicht mal ein Airbag geholfen.

Die Beerdigung fand am Dienstag nach der Party statt, als sie schulfrei hatten. Es war schlimmer als alles, was Tara bisher erlebt hatte. Claas' Mutter Sandra Altmann kniete vor dem offenen Grab und beschwor unter Tränen das Schicksal. Dschingis und ein anderer Junge hatten eigentlich eine Ansprache geplant, verzichteten jedoch mit Rücksicht auf Frau Altmanns Zustand. Danach fand ein so genannter Leichenschmaus statt, zu dem nur die engsten Angehörigen eingeladen waren. Frau Altmann ließ ihre Verwandten vorausgehen. Ihr Ex-Mann war nicht erschienen. Er lebte in Norddeutschland und hatte sie verlassen, als Claas noch in den Windeln lag.

Am Friedhofstor nahm sie Tara beiseite.

»Du hast Claas gekannt?«, fragte sie und hielt das Mädchen am Handgelenk fest.

Das war Tara unangenehm, aber sie wehrte sich nicht. »Ein bisschen«, gab sie zurück und schluckte einen Kommentar hinunter.

»Hör zu, das ist ein schlechter Zeitpunkt, aber ich muss dir etwas Wichtiges sagen. Claas war doch auf deiner Party?«

»Ja.«

»Mein Junge ...« Frau Altmann suchte nach Worten. »Er war kein Junge mehr, er war erwachsen, ein richtiger Mann.« Sie machte eine Pause. »Weißt du, worauf ich hinauswill?«

»Ehrlich gesagt, nein.«

Frau Altmann blickte zu Boden, ließ Tara aber nicht los. »Auf so einer Party passiert doch alles Mögliche. Claas hatte viele ... Freundinnen.«

»Er war beliebt. Ich mochte ihn.« Tara konnte Frau Altmann wohl kaum erzählen, dass sie die Letzte gewesen war, die mit Claas ...

Die Frau schien mit sich zu ringen. Schließlich fasste sie sich ein Herz. »Weißt du, ob er mit jemandem intim war?«

»Wie bitte?«

»Ob er auf der Party mit jemandem Sex hatte.«

»Na ja ...« Tara lief rot an.

»Ich frage nicht aus Neugier«, setzte sie schnell hinzu. »Es geht um eine ernste Angelegenheit.«

Was konnte ernster sein als Claas' Tod?, fragte sich Tara. Es hatte wohl keinen Sinn, Frau Altmann etwas zu verheimlichen. »Wir sind uns sehr nahe gekommen«, sagte sie.

»Du meinst, *du* und Claas? Ihr beide?« Frau Altmann erschrak.

»Ja, wir beide«, sagte Tara trotzig und zog ihren Arm zurück. »Warum denn nicht?«

»Wie alt bist du eigentlich?«

»Fünfzehn.«

Sandra Altmann verkniff sich eine Bemerkung, als sie daran dachte, wie alt sie selber bei ihrem ersten Mal gewesen war. »Okay, wie nah seid ihr euch gekommen?«

Tara schwieg.

»Du kannst es mir ruhig sagen, ich bin nicht prüde. Ich will nur Gewissheit.« Sandra Altmann holte tief Luft. »Hattet ihr ungeschützten Sex?«

Tara wich dem Blick der Frau aus und betrachtete die Gitterstäbe des Friedhofstors. Die Farbe war an einigen Stellen abgeplatzt.

Sie nickte.

Dass Tara das erste Mädchen war, dem sie es sagen musste, noch dazu so ein junges, war für Sandra Altmann ein Schock. Sie würde etwas in die Zeitung setzen müssen, das war ihr klar. Außerdem hatte Herr Knippenberg, der Schulleiter, zugesagt, alle Klassen zu informieren und eine Aufklärungskampagne zu starten. Aber einer von Claas' Freundinnen persönlich gegenüberzustehen wie ein unfreiwilliger Vollstrecker, der dem Leben dieses Mädchens von einer Sekunde auf die andere eine völlig andere Richtung geben würde, überstieg fast ihre Kraft.

»Claas hatte AIDS«, sagte sie.

5

Es war nicht AIDS. Sandra Altmann hatte übertrieben, weil sie immer noch nicht fassen konnte, was ihr Doktor Winterscheidt vom Klinikum Bamberg am Tag zuvor mitgeteilt hatte. Claas war HIV-positiv gewesen. Er hatte das Virus in sich getragen, aber die Krankheit war noch nicht zum Ausbruch gekommen. Seit seinem 18. Geburtstag hatte Claas einen Organspenderausweis besessen. Auch das hatte Sandra Altmann nicht gewusst. Als sein Blut nach dem tragischen Unfall getestet wurde, hatte sich aufgrund der hohen Zahl von HIV-Antikörpern ein zweifelsfreier Befund ergeben. Das Virus hatte die Bildung bestimmter körpereigener Abwehrstoffe angeregt. Ihr Vorhandensein war der Beweis für eine HIV-Infektion.

Sandra Altmann konnte nur mutmaßen, wo sich Claas angesteckt hatte. Sie hegte den Verdacht, dass es auf einer Fahrt nach Prag passiert war, die er mit seinen Freuden unternommen hatte. Aber diese Annahme konnte auch ein Vorurteil sein.

Doktor Winterscheidt gab ihr zu verstehen, dass in Bamberg nicht mehr als etwa zwanzig HIV-Infizierte lebten. Da waren die bekannten Risikopersonen, die seit einiger Zeit als Hauptbetroffenengruppen bezeichnet wurden: Homosexuelle, Drogenabhängige, Prostituierte. Dazu einige Leute, die nicht in diese Schubladen passten. Neben den bekannten Fällen gab es natürlich noch eine hohe Dunkelziffer.

Die meisten HIV-Infizierten, die von ihrer Ansteckung wussten, versuchten, irgendwie damit zu leben und die beschränkten Therapiemöglichkeiten zu nutzen. Claas hatte zu denjenigen gehört, die es nicht wussten, da war sich Sandra Altmann völlig sicher. Sie wollte sich ein ehrendes Andenken an ihr einziges Kind bewahren. Seine Unbedarftheit, sein kindlicher Leichtsinn, die unwiderstehliche Art, wie er das Leben umarmte. Umarmt hatte, sagte sie sich. Er hat keinen AIDS-Test machen lassen, vermutete Sandra Altmann. Sie fragte beim Gesundheitsamt und im Klinikum nach, doch da der Test ebenso anonym war wie die Meldepflicht bei einem positiven Ergebnis, konnte ihr niemand Auskunft geben. Claas hat es nicht gewusst, redete sie sich ein, sonst hätte er ... sonst wäre er ... Ja, was sonst? Sie fand keine Antwort.

Nachdem Sandra Altmann alles, was nötig war, in die Wege geleitet hatte, schottete sie sich ab. Den Eltern der andern Schüler konnte sie nicht mehr ins Gesicht sehen. Den Nachbarn, die es sicher erfahren würden, auch nicht. Sie mochte überhaupt niemanden sehen. Aber um Pläne für einen Umzug in eine andere Stadt zu schmieden, fühlte sie sich seelisch zu angegriffen. Sie war in Bamberg geboren, im Mühlenviertel, direkt am Fluss. Sie liebte die Stadt und kam mit ihren Kollegen im Schlosshotel gut aus. Dort arbeitete sie seit über zehn

Jahren als Rezeptionistin. In dem noblen Hotel stiegen regelmäßig Größen aus dem Showgeschäft ab, viele hatten einen turbulenten Lebenswandel und ausgefallene Wünsche. Von nun an würde sie jeden Gast mit anderen Augen sehen.

Sie ließ sich krankschreiben, der Geschäftsführer des Hotels hatte dafür vollstes Verständnis. Sie machte selbst einen AIDS-Test. Eine HIV-Übertragung durch Husten, Niesen, Berühren oder Küssen, durch gemeinsames Benutzen von Ess- oder Trinkgeschirr war zwar ausgeschlossen, aber Sandra Altmann wollte sicher sein. Das Ergebnis war negativ.

In einem schwachen Moment legte sie eine Liste an. Darauf standen die Menschen, denen sie ihr Leid klagen wollte. Ihre Eltern, die nicht mehr in Bamberg, sondern im Allgäu von der Rente lebten. Ihre Freundinnen, die sich schon mehrfach nach ihr erkundigt hatten, vor denen sie sich aber verschloss. Eine ihrer Cousinen, die gerade eine Reise durch Andalusien machte. Ihr Ex-Mann. Sie griff zum Hörer. Dann zerknüllte sie die Liste und zog den Stecker des Telefons aus der Buchse. Sandra Altmann fühlte sich wie der letzte Mensch auf der Welt.

6

»Auf Claas!«

Dschingis hob seinen Bierkrug. Alle am Tisch taten es ihm nach. Sie stießen gemeinsam an.

»Ich bin stolz, dass er mein Freund war.«

Sie tranken. Geräuschvoll stellten sie die Krüge ab. Dann trat erneut Stille ein. Es war der Tag nach der Beerdigung. Sie hatten beschlossen, nach den ersten beiden Schulstunden blauzumachen, weil Knippenberg wieder eine seiner Verlautbarungen angekündigt hatte.

Der Biergarten an der alten Sternwarte war in der warmen Jahreszeit der bevorzugte Treffpunkt von Dschingis, Britta, Janine und deren neuem Freund Turk, Mellie, Hergen, Nikola und Tara. Dschingis war der Einzige aus ihrer Clique, der zu Claas näheren Kontakt gehabt hatte. Den andern, alle in Taras Alter, war er nur vom Sehen bekannt gewesen.

Das Lokal lag auf einer Anhöhe, von der aus man eine prächtige Aussicht auf Bamberg hatte. Die Vormittagssonne warf ihre kräftigen Strahlen auf eine Wiese, die an den Biergarten grenzte. Sie saßen in einem schattigen Bereich unter riesigen Kastanien. Eine Pappel am Nebeneingang warf bei jedem Windstoß ihre Fruchtstände ab. Tara hatte keinen Blick für das blühende

Leben um sie herum. Sie war allein mit einer Sorge, die von Stunde zu Stunde wuchs.

Turk, sonst ein einsilbiger Junge, brach das Schweigen. Er trug eine Baseballkappe, die er nicht mal beim Baden abnahm. »Was der Chef wohl wieder zu verkünden hat?«

»Die Trauerfeier am Montag und gestern die Beerdigung«, sagte Nikola und stieß die Luft aus. »Puh, das hat mir schon gereicht.«

»Es macht ihn ja auch nicht wieder lebendig«, pflichtete Britta ihr bei. Sie zündete sich eine Zigarette an und strich sich ihre langen blassrot gefärbten Haare aus dem Gesicht.

»Wahrscheinlich will uns Knippenberg einen Vortrag über die Gefahren des Alkohols halten«, mutmaßte Dschingis.

»Bitte nicht!«, rief Britta.

»Da kann ich auch drauf verzichten.« Nikola warf Tara einen durchdringenden Blick zu. Sie sprach schnell, ohne Atem zu holen. »Aber ich kenne jemanden, der das bitter nötig hätte.«

Britta lachte laut, viel zu laut, wie Tara fand. Laut und kalt. »Wie man hört, warst du seine letzte Nummer«, sagte das Mädchen und blies Zigarettenrauch in den Himmel.

»Halt die Klappe«, sagte Dschingis.

»Na und, stimmt's etwa nicht?« Britta hatte die Gefühlsduselei satt. »Wenigstens hatte Claas noch seinen Spaß, bevor –«

»Du gehst zu weit«, schaltete sich Janine ein. Sie und Britta hielten wie Pech und Schwefel zusammen, aber manchmal schoss Britta weit übers Ziel hinaus.

»Die Frage ist nur«, fuhr Britta ungerührt fort, »ob Tara überhaupt noch was gemerkt hat. Warst du nicht abgefüllt bis obenhin?«

Alle Augen wandten sich Tara zu. Es hatte sich herumgesprochen, dass sie bei der Party sturzbetrunken gewesen war. Über die Einzelheiten kursierten wilde Gerüchte.

»Da war ich wohl nicht die Einzige«, verteidigte sie sich.

»Aber du warst die Einzige, die ihren Freund betrogen hat«, sagte Nikola. »Du hast Glück, dass wir dichthalten.«

»Steffen ist nicht gerade ein Blitzmerker«, fügte Britta gehässig hinzu. »Der denkt, alles ist in Butter zwischen euch.«

»Steffen ist vielleicht nicht der Schnellste«, sagte Nikola und sah Tara dabei unverwandt an, »aber so was hat er nicht verdient. Er kann einem Leid tun. Willst du es ihm nicht beichten?«

»Oder du machst Schluss«, schlug Janine vor. Im Zweifelsfall zog sie klare Verhältnisse vor.

Tara rückte ein Stück von Nikola ab. »Ich weiß nicht, was ihr alle habt. Es ist doch gar nichts passiert«, log sie.

»Was?«, fragte Britta und lachte ungläubig. »Das kannst du deiner Großmutter erzählen.«

»Du hast auch nur das eine im Kopf«, gab Tara zurück.

»Gibt's noch was anderes?« Britta ließ sich von niemandem etwas sagen, schon gar nicht von Tara, die sie für eine verwöhnte Heuchlerin hielt. »Mach hier nicht auf Mauerblümchen, das kauft dir keiner ab.«

»Besser Mauerblümchen als Moralapostel. Ausgerechnet du!«

»*Ich* hab keinen festen Freund. Ich kann machen, was ich will. Und mit Claas allein in diesem Schuppen, na ja, ich hätte ihm jedenfalls das volle Programm geboten.« Britta winkte dem Kellner, weil sie noch ein Bier haben wollte.

»Nur eins pro Nase«, wehrte Freddie ab. Er war Student und verdiente sich in dem Biergarten etwas Geld. »So sind die Regeln am Vormittag. Seid froh, dass ihr überhaupt was kriegt.«

»Schon gut, schon gut«, sagte Dschingis, der sich Freddie gewogen halten wollte.

Britta war beleidigt und bestellte nichts. »Tara weiß ja nicht mal, wer sie ins Bett gebracht hat. Wie soll sie dann noch überreißen können, was zwischen ihr und Claas gelaufen ist?«

»War's echt so schlimm?«, fragte Mellie. Bei Alkohol hielt sie sich immer stark zurück.

Tara schwieg.

»Nun sag schon, Nikola«, bohrte Britta nach. »Dauernd redest du davon, dass es da noch einen andern Jungen gab. Hilf ihrem Gedächtnis mal auf die Sprünge!«

»Noch einer?«, wunderte sich Mellie.

»Sie haben es sogar in ihrem Zimmer getan«, sagte Britta. »Zwei in einer Nacht, das ist kein schlechter Schnitt. Wer war's? Einer aus unserer Schule?«

»Vielleicht«, sagte Nikola geheimnisvoll. »Vielleicht auch nicht.«

»Bei Nacht sind alle Katzen grau«, spottete Britta.

Tara sprang auf. »Ihr habt ja nicht die geringste Ahnung!«

»Seid still«, zischte Dschingis. »Schaut mal, wer da kommt!«

Steffen erschien am Eingang des Biergartens und blickte sich suchend um.

Nikola winkte. »Dann erfahren wir sicher gleich, was der Chef so dringend loswerden wollte.«

Tara legte ein paar Münzen auf den Tisch, nahm ihre Tasche und entfernte sich ohne ein weiteres Wort Richtung Nebenausgang. Sie sah sich nicht um.

7

Bis zum Wochenende ging Tara nicht mehr in die Schule. Sie habe Monatsbeschwerden, sagte sie ihrer Mutter, eine Ausrede, die sie nur selten benutzte. Es wirkte glaubhaft und erklärte ihre Reizbarkeit. Ulla Gregori hatte sich schon gewundert, warum Tara bei jedem geringsten Anlass an die Decke ging.

Knippenberg hatte die HIV-Infektion von Claas öffentlich gemacht. Er hatte ausführlich über AIDS und die Möglichkeiten der Ansteckung gesprochen. Er hatte keine Namen genannt. Von den anwesenden Schülern hatte sich niemand angesprochen gefühlt. Aber die höheren Jahrgänge wussten, dass Tara zum Kreis der Betroffenen gehörte.

Das Risiko, sich angesteckt zu haben, war für Tara wie eine brutale, himmelschreiend ungerechte Strafe. Sie war unfähig, darauf in irgendeiner Weise zu reagieren. Krampfhaft versuchte sie, sich zu erinnern, was sie und Claas genau getan hatten. Aber es lief immer auf stinknormalen, doch ungeschützten Geschlechtsverkehr hinaus. Das konnte sie nicht ignorieren, sosehr sie sich auch bemühte. Inzwischen hatte sie erfahren, dass Claas »nur« HIV-positiv gewesen und AIDS bei ihm noch nicht ausgebrochen war. Ein Trost war das nicht.

Nach zwei Tagen zu Hause hielt sie es nicht mehr aus. Mit ihren Eltern wollte sie nicht reden. Es würde die schlechte Stimmung wegen der Party nur noch verstärken. Deshalb redete sie mit jemand anderem.

Tante Ros hieß eigentlich Rosemarie Ritter, war siebenundvierzig und eine entfernte Verwandte von Taras Vater. Sie war in Bamberg hängen geblieben, wie sie zu sagen pflegte, was nicht stimmte, denn mit ein paar Unterbrechungen hatte sie schon immer in der Stadt gewohnt. Bei den Gregoris kam sie häufig zu Besuch, um Bert und Ulla bei der Gartenarbeit zu helfen. Sie lebte in der Innenstadt über einem kleinen Schreibwarenladen, den sie mit wechselnder Begeisterung führte. Wenn das Geschäft wegen der vielen Touristen im Sommer genug Überschuss abwarf, steckte sie jeden Cent in Fernreisen nach Ostasien.

Tara kannte Tante Ros, seit sie denken konnte. Von jeder Reise brachte ihr die kleine, agile Frau ein Souvenir mit. In Taras Zimmer hatte sich jede Menge exotischer Krimskrams angesammelt, Lackdosen, Buddhastatuen, Gebetsfahnen. Taras Vater machte zwar auch des Öfteren Geschäftsreisen nach Japan, hielt aber schon seit Jahren nichts mehr von, wie er meinte, ewig gleichen Mitbringseln.

Tara erzählte stockend, mit vielen Pausen und mancher Auslassung. Sie erzählte von der Party, von Claas und seinem schrecklichen Tod. Während sie sprach, schienen die Ereignisse allmählich eine Ordnung anzunehmen. Es war, als gruppierten sie sich von selbst zu einer logischen Kette. Alles, was geschehen war, hatte so und nicht anders ablaufen müssen, sogar der Autounfall, dachte Tara. Nur die HIV-Infektion, die sie ganz am Schluss erwähnte, ließ sich mit dieser Vorstellung nicht in Einklang bringen.

Tante Ros erwiderte nichts. Stattdessen holte sie eine angebrochene Flasche Rotwein, goss den Inhalt in ein Becherglas, das gerade zur Hand war, und nahm einen kräftigen Schluck. Sie ließ ihren Blick über die Wände der Zweizimmerwohnung wandern. Die Kerze im Stövchen brannte flackernd. Zweifellos erwartete Tara tröstende Worte. Sie solle sich keine Sorgen machen, etwas in der Art. Aber Tante Ros machte sich ungeheure Sorgen. Sie war so entsetzt, dass sie innerlich erstarrte. Der Reflex, Tara aufzumuntern, wich einer kalten Unnachgiebigkeit. Schweigend holte sie einen zusätzlichen Stuhl, startete ihren Computer und ging ins Internet. In Windeseile tippte sie einige Suchbegriffe ein und studierte die Seite, die auf dem Bildschirm erschien.

»›Vaginalverkehr‹«, las Tante Ros ab und schaute das Mädchen fragend an. »Ich nehme an, ihr habt nicht nur geschmust.«

»Wie kommst du darauf?«, fragte Tara überrascht.

»Sonst würdest du dich nicht wie ein Häuflein Elend an deine Teetasse klammern.«

In Taras Klasse gab es eine ganze Reihe Mädchen, die noch nie mit einem Jungen geschlafen hatten, zum Beispiel Mellie, die ihren Freund Hergen immer wieder vertröstete. Britta und Janine gehörten mit Sicherheit nicht dazu. Von Nikola wusste es Tara nicht genau, obwohl sie sonst kein Geheimnis voreinander hatten.

»»Die Frau trägt ein hohes Risiko, wenn der Samenerguss in der Scheide erfolgt'«, fuhr Tante Ros fort und drehte den Bildschirm zu Tara. »»Sperma zählt zu den infektiösen Körperflüssigkeiten. Die Schleimhaut der Scheide ist empfindlich und somit eine gute Eintrittspforte für die Viren. Während der Menstruation besteht ein erhöhtes Risiko.«« Sie machte eine Pause. »Und? Hattest du deine Tage?«

»Spinnst du? Sonst hätte ich doch nie mit Claas ...«

»Du warst betrunken. Da ist einem vieles egal.« Tante Ros war geradeheraus.

»Nein! Ich meine, ich hatte keine Blutung. Und keine andern Verletzungen.«

»Was habt ihr sonst noch getrieben?«

»Wie?«

»Welche Sexualpraktiken habt ihr angewandt?«

»Ich ... ich weiß nicht.«

»Du wirst dich doch erinnern, was der Junge mit dir angestellt hat – oder du mit ihm.«

»Warum willst du das wissen?«, fragte Tara. »Und überhaupt, warum bist du so grob?«

»Kannst du lesen?« Tante Ros wies auf den Bildschirm. »Bei Analverkehr ist die Gefahr von Verletzungen besonders groß.«

»Hör auf, das ist ja eklig!«

»Das sind die Übertragungswege der HI-Viren. Ekel ist relativ.« Tante Ros reichte Tara ihr Weinglas.

Tara nahm einen Schluck und wollte Tante Ros das Glas zurückgeben. Plötzlich hielt sie inne. »Vielleicht solltest du ein anderes Glas holen.«

Tante Ros nahm ihr das Glas ab und trank es leer. »Willst du noch mehr?« Das war pädagogisch zwar wenig wertvoll, dachte sie, aber Alkohol stand momentan nicht an der Spitze der Problemliste.

Tara sah sie verdutzt an und nickte dann langsam.

»Lies in der Zwischenzeit, was auf der AIDS-Beratungsseite steht«, sagte Tante Ros und klickte ein Symbol an. Dann verschwand sie in der Küche, um eine neue Flasche zu holen.

»Auch in anderen Körperflüssigkeiten (Tränen, Schweiß, Speichel, Kot, Urin) können Viren nachgewiesen werden«, las Tara. »Ihre Anzahl reicht jedoch nicht für eine Ansteckung aus.«

Tante Ros entkorkte die Flasche und setzte sich wieder. Jetzt nicht lockerlassen, dachte sie, obwohl ihr Tara Leid tat. Anscheinend war sie, eine Nenntante ohne Bindungen und mit wenig Vertrauen in die Menschen, die Erste, mit der das Mädchen über die Geschichte sprach.

»Ich hätte nie gedacht, dass Claas...«, fing Tara an und vergrub ihr Gesicht in den Händen.

»Denken ist vor dem Sex das Wichtigste. Wenn ihr jungen Dinger mal loslegt, ist es zu spät für irgendwelche Vorsichtsmaßnahmen.« Tante Ros wünschte, ihre Handtasche holen zu können, um Tara eine Packung

Kondome zu zeigen, die sie für den Fall der Fälle immer dabeihätte. Aber sie besaß keine Kondome, weil der Fall der Fälle so gut wie nie eintrat.

»Sag mal, deine Mutter hat dich doch aufgeklärt?«, fragte Tante Ros.

»Ja, natürlich.«

»Wie steht's mit Verhütung?«

»Ich nehme die Pille. Regelmäßig.«

»Warum?«

»Warum! Was soll die Frage?«, sagte Tara ungehalten.

»Hast du einen festen Freund?«

»Ich dachte, du weißt von Steffen.«

»Steffen? Ist das dieser Ruhige, Hübsche von der Wasserwacht? Der mir beim Umsetzen eures Komposts geholfen hat?«

»Er ist nicht *bei* der Wasserwacht. Nur in einer Jugendgruppe.«

»Und wegen ihm verhütest du?«

Tara zögerte. »Ja.«

»Ja, und?«

»Nichts *und*.«

»Wie oft habt ihr Geschlechtsverkehr?«, fragte Tante Ros.

»Was tut das zur Sache?«

»Ich möchte etwas über dein Sexualverhalten erfahren. Also, wie oft?«

»Nicht oft«, wand sich Tara. »Ein paarmal.«

»In der Woche?«

»Blödsinn.« Tara trank von dem Wein, den Tante Ros

ihr eingeschenkt hatte, in ein eigenes Glas. »Insgesamt?«, fragte sie.

»Wenn du das abschätzen kannst.«

Tara lächelte gequält. »Ein paarmal.« Ein Blick an die Decke. »Dreimal, um genau zu sein.« Sie zögerte wieder. »Für ihn ist das etwas Besonderes.«

Süß, hätte Tante Ros früher gesagt, hütete sich aber, sich über den Jungen lustig zu machen. »Ist Steffen so alt wie du?«

»Er ist sechzehn.«

»Und du hast deinen Freund mit Claas betrogen?«

»Hab ich doch schon erzählt«, murmelte Tara.

»Warum hast du das getan?«

»Weiß ich nicht!« Tara sprang auf. »Steffen ist manchmal so ein Langweiler! Warum konnte er nicht auf der Party bleiben? Dann wär das alles gar nicht passiert.«

»Gib nicht Steffen die Schuld. Du bist für dich selbst verantwortlich, junge Frau. Du warst verdammt unvorsichtig.«

»Ich bin fünfzehn!«

»Und voll geschlechtsreif. Welche sexuellen Erfahrungen hast du sonst noch gemacht?«

»Das geht dich gar nichts an!«

Tante Ros klickte auf eine Schaltfläche, um den Text aus dem Internet auszudrucken. Die Blätter wurden eins nach dem andern eingezogen. Sie nahm ihr Weinglas und setzte sich aufs Sofa. »Stimmt«, sagte sie schließlich. »Es geht mich nichts an.« Ihr Blick fiel auf ein Urlaubsfoto, das sie am Strand von Kerala in Indien zeigte. »Und Sex ist auch ganz und gar nichts Schlimmes. Ich versuche nur, ein Bild von dir zu bekommen. Ich meine, wir sehen uns ziemlich häufig und kennen uns seit einer Ewigkeit. Aber besonders viel weiß ich nicht über dich.«

Tara stand an einem der beiden Fenster, die auf die Straße hinausgingen. Die Wohnung lag im dritten Stock. Verkehrsgeräusche drangen fast ungedämpft durch das gekippte Fenster.

»Ich dachte, du hilfst mir«, sagte Tara.

»Setz dich.« Tante Ros wies auf das Sofa. »Bitte!«

Tara blieb stehen. »Steffen ist mein erster richtiger Freund. Davor gab es nichts, was der Rede wert war. Soll ich ins Detail gehen?«

»Nicht nötig.«

»Außerdem glaube ich, dass es aus ist.«

»Warum?«

»Wahrscheinlich ist etwas durchgesickert von der Party. Das mit Claas wird sich nicht lange verheimlichen lassen. Er weiß es noch nicht.«

»Heimlichkeiten bringen das Schlechte in uns hervor«, sagte Tante Ros. »Wissen deine Eltern davon? – Natürlich nicht, dumme Frage.«

Tara setzte sich aufs Sofa. »Ich hab keine Ahnung, wo ich anfangen soll, Tante Ros. Was soll ich nur tun?«

»Du musst es ihnen sagen. Steffen. Bert und Ulla. Allen, die dir etwas bedeuten.« Tante Ros beherrschte sich mühsam. Am liebsten hätte sie Tara geohrfeigt, weil sie so dumm und naiv gewesen war. Nichts leichter, als dem Kerl ein Kondom überzustreifen. Überall wurde Werbung für Safer Sex gemacht. Gingen die jungen Dinger denn blind durchs Leben? Man müsste ihnen mal richtig den Kopf waschen.

Stattdessen umarmte sie das Mädchen, das in sich zusammengesunken und mit ihren Sorgen ausgerechnet zu ihr gekommen war. Es gab nicht viele Menschen, die Tante Ros um Rat fragten. Nicht in so einer dramatischen Angelegenheit. Und Kondome waren, na ja, einfach nur verflixte Gummis, mit denen sie selber nie klargekommen war. Benutzt Kondome! Das sagt sich so einfach, wenn ein Kuss dem andern folgt und der Slip in die Ecke segelt. Tante Ros hatte oft ungeschützten Verkehr gehabt. Das lag eine ganze Weile zurück, aber AIDS hatte es damals auch schon gegeben.

Dann sagte Tara etwas, was Tante Ros schon befürchtet hatte. Es war die Frage, die sie begreiflicherweise am meisten beschäftigte.

»Ich will nicht sterben!«

Es zerriss Tante Ros das Herz. »Mach einen Test«, sagte sie schnell, um die Verzweiflung im Keim zu ersticken – ein hoffnungsloses Unterfangen, wie sie im selben Moment vermutete. »Dazu brauchst du nicht mal die Einwilligung deiner Eltern.« Sie wies auf den Papierstapel, den der Drucker ausgespuckt hatte. »Der Test ist anonym. Niemand erfährt was.«

»Meinst du wirklich, dass das nötig ist?«

Tante Ros fuhr über ihre kurz geschorenen Haare, die jede Menge graue Stellen aufwiesen. »Momentan geht es nicht darum, *ob* du weiterlebst. Dramatisier das mal nicht. Es geht darum, *wie* du jetzt weiterlebst. Was du unternimmst.« Sie ging zum Computer und entnahm dem Drucker den Stapel Papier.

»Du hast leicht reden«, erwiderte Tara. »Bist du HIV-positiv?«

»Nein, bin ich nicht. Aber ich bin mir dessen sicher, im Gegensatz zu dir.«

»Warum bist du dir sicher?«, fragte Tara. »Wann hattest du zum letzten Mal Sex?«

Tante Ros überlegte.

8

Tara verbarrikadierte sich für den Rest des Wochenendes in ihrem Zimmer. Sie sagte niemandem etwas, weder ihren Eltern noch Steffen noch sonst wem. Telefonate nahm sie nicht an. Es rief ohnehin niemand für sie an, obwohl inzwischen jedermann von Claas' Infektion wissen musste. Dschingis kam vorbei und fragte, wie es ihr ginge. Sie fertigte ihn an der Haustür ab. Als er wieder weg war, tat es ihr Leid, ihn fortgeschickt zu haben. Aber das ließ sich nicht ändern.

Sie versuchte, sich mit Musik abzulenken. Es gelang ihr eine Weile, aber die Ausdrucke von Tante Ros, die in ihrer abschließbaren Schreibtischschublade lagen, übten eine große Anziehungskraft aus. Sie las sie immer wieder. Der sachliche Ton, in dem die Informationen über AIDS abgefasst waren, beruhigte sie ein wenig. Am Ende des Artikels standen Kontaktadressen in Bamberg und Oberfranken. Ihren eigenen Computer schaltete Tara nicht an.

Sie spielte mit der getigerten Katze, die hin und wieder bei den Gregoris vorbeikam und manchmal über die Dachrinne zu ihrem Zimmer spazierte. Die Katze hatte keinen Namen. Tara fragte sich, ob AIDS auch auf Tiere übertragbar war. »Folgende Körperflüssigkeiten sind infektiös«, stand in dem Ausdruck. »Blut, Sperma (Samenflüssigkeit), Vaginalsekret (Scheidenflüssigkeit), Muttermilch.«

Vor allem Letzteres machte ihr zu schaffen. Es bedeutete, dass auch Säuglinge diese Krankheit bekommen konnten. Bilder aus Afrika fielen ihr ein, die in den Nachrichten gezeigt wurden, meistens vor Weihnachten, als Spendenaufruf. Falls Tara das Virus in sich hatte und Kinder bekam, würde sie ihre Babys nicht stillen dürfen. Aber daran war im Moment überhaupt nicht zu denken. Wenn sie infiziert war, würde sie eine Therapie anfangen müssen. Eine lebenslange Therapie mit unangenehmen Nebenwirkungen. Es würde nicht vorübergehen wie eine Grippe. Das Virus wäre dauernd da, »virulent«, wie es hieß. Und wenn sie die Immunschwäche AIDS bekam, würde alles noch viel schlimmer und schmerzhafter werden. Bis zum Tod.

»Du kannst es nicht kriegen«, sagte sie zu der Katze. Das Tier wälzte sich auf den Rücken. Tara kraulte das Bauchfell. Es war besonders weich. Die Katze wusste nicht, wer sie da streichelte. Sie wusste gar nichts. Deswegen ist sie so zutraulich, dachte Tara.

Sie packte die Katze am Nacken und warf sie durch das geöffnete Fenster nach draußen. Die Katze schlidderte über die Ziegel und kam an der Dachrinne zum Stehen. Verwundert schaute sie Tara an. »Hau ab, du hast hier nichts verloren!«

Tara betrachtete ihren Handrücken. Die blutigen Kratzspuren ließen sie annehmen, dass es ziemlich einfach war, HIV zu übertragen. Eine Alltagsverletzung. Wenn Steffen sie jetzt verarzten würde und er sich bei seinen Wasserwachtübungen eine Schramme geholt hatte ...

Steffen. Das hatte nicht die geringste Zukunft.

Am Montag ging Tara wieder zur Schule. Das sagte sie zumindest ihren Eltern. In Wahrheit fuhr sie mit dem Stadtbus zum Gesundheitsamt in der Nähe des Bahnhofs.

Sie rechnete mit einer Krankenhausatmosphäre wie vor zwei Jahren, als sie sich beim Skifahren den Arm gebrochen hatte. Doch die Behörde, die Tara betrat, wirkte weniger steril. Es gab einen langen, geraden Gang, von dem zahlreiche Türen abzweigten. An den Seiten hingen Pinnwände mit Plakaten und Infomaterial. Auf einem gelben Leuchtschild stand *Anmeldung*. Die Frau hinter der Theke begrüßte Tara knapp, aber freundlich.

»Ich möchte einen AIDS-Test machen«, sagte Tara mit entwaffnender Offenheit.

»Haben Sie einen Termin?«

»Nein. Ich wusste nicht ...«

»Das macht nichts. Doktor Brunn führt gerade einen Test durch. Nehmen Sie einfach im Wartezimmer Platz.«

»Kommt das denn so häufig vor?«, fragte Tara.

»Was meinen Sie?«, fragte die Frau.

»Dass jemand einen Test machen will.«

»Im Schnitt einmal am Tag. Wir haben Montag, heute sind Sie die Zweite. Das ist nichts Besonderes, Sie brauchen sich nicht zu schämen.«

»Tu ich auch nicht«, erwiderte Tara.

»Die meisten Testergebnisse sind negativ«, setzte die Frau hinzu. »Viele Leute wollen einfach nur Gewissheit haben. Das ist auch gut so. Schön, dass Sie gekommen sind.«

Im Wartezimmer saßen zwei Mädchen, die wie Studentinnen aussahen. Sie betrachteten Tara mit unverhohlener Überraschung. Vermutlich wegen meines Alters, dachte Tara. Sie setzte sich und stellte ihre alte Schultasche, die sie von ihrem Vater »geerbt« hatte, neben den Stuhl.

Die Studentinnen setzten ihr Gespräch fort. Offenbar hatten sie eine Freundin zum Gesundheitsamt begleitet, die in diesem Moment gerade den AIDS-Test machte. Die beiden unterhielten sich über ein Popkonzert, das sie am Wochenende in Nürnberg besucht hatten. Sie machten Witze über die sexuelle Unerfahrenheit ihrer Freundin.

Tara fühlte sich schrecklich jung, als sie die beiden so reden hörte. Die Entschlossenheit, die sie nach dem Aufstehen verspürt hatte, schwand. Sie bezweifelte, ob sie einem weiteren Verhör, wie Tante Ros es am Samstag durchgeführt hatte, gewachsen war. Am Morgen hatte sie trotz der Wärme einen ausgeleierten dunkelbraunen Rollkragenpulli angezogen, um jeden Anschein von Unzüchtigkeit zu vermeiden. Jetzt kam ihr dieser Aufzug lächerlich vor.

Ein Mann in weißem Kittel erschien im Türrahmen, verabschiedete sich von einer etwas geknickt wirkenden jungen Frau und bat Tara, ihm zu folgen. Als sie im Sprechzimmer angelangt waren, stellte er sich als Doktor Brunn vor. Der Raum lag im zweiten Stock. Durch das Fenster war das sandsteinfarbene Bahnhofsgebäude zu sehen.

»Du möchtest also einen Test machen«, begann Doktor Brunn. »Ich darf doch ›du‹ sagen?«

»Natürlich«, sagte Tara und präzisierte: »Einen AIDS-Test.« Sie holte die Unterlagen von Tante Ros aus ihrer Tasche und schob sie über den Tisch. »Ich habe mich informiert. Sie nehmen mir Blut ab und dann kann ich wieder gehen, oder?« Auf diese Weise hoffte sie, unangenehme Fragen auf ein Mindestmaß zu beschränken.

Doktor Brunn betrachtete die Papiere und nickte. »Eigentlich heißt es HIV-Antikörper-Test. Damit wird nicht das HI-Virus im Blut gemessen, sondern die Abwehrstoffe, die sich gegen das Virus bilden.«

»Ja, ich weiß. Und wenn der Test positiv ist, heißt das nicht unbedingt, dass man auch AIDS kriegt.«

»Aber dass eine HIV-Infektion erfolgt ist«, ergänzte Doktor Brunn. »Man trägt das Virus dann lebenslang in sich und kann andere Menschen anstecken.«

»Es gibt Medikamente dagegen.« Tara nahm die Ausdrucke und schlug eine bestimmte Seite auf. »Sie schieben den Ausbruch der Krankheit hinaus.«

»Langsam. Mit einer Therapie können wir uns später befassen.« Der Arzt schob die Blätter ein Stück beiseite und beugte sich vor. Sein weißer Kittel stand offen. Darunter trug er ein grob kariertes Hemd. Er war ungefähr so alt wie Direktor Knippenberg, wirkte mit seinem dichten, gelockten braunen Haar aber jünger. »Ich möchte dir zuerst versichern, dass dieses Gespräch unter uns bleibt. Das Gleiche gilt für den anonymen Test. Du kannst ganz offen sein.«

»Dafür bin ich hier«, sagte Tara. Die ruhige, feste Art des Mannes flößte ihr Vertrauen ein. Sie richtete sich unwillkürlich auf.

»Gut. Ich stelle dir jetzt ein paar Fragen. Ist das in Ordnung?«

»Ja.«

»Warum gehst du davon aus, dass du dich angesteckt hast?«

Tara zögerte kurz. Dann sprach sie den Satz, den sie sich wieder und wieder vorgesagt hatte. »Ich hatte ungeschützten Sex mit einem HIV-positiven Jungen.«

»Wann war das?«, fragte Doktor Brunn unbeeindruckt.

»Vor ... einer guten Woche.« Tara überlegte. »Vor neun Tagen.«

Der Arzt machte sich Notizen.

»Er war positiv, daran gibt es keinen Zweifel«, setzte Tara hinzu. »Seine Mutter hat es mir gesagt. Er ist bei einem Verkehrsunfall gestorben.«

Doktor Brunn stutzte. Er betrachtete das Mädchen, dessen Namen er nicht kannte. Sie versuchte, erwachsen und gefasst zu wirken. Und sie verhielt sich auch so. »Willst du darüber sprechen?«

»Nein. Ich weiß, ich habe eine riesengroße Dummheit

begangen«, sagte sie schnell. »Ich kenne die Übertragungswege. Ich werde mich in Zukunft vorsehen und Safer Sex praktizieren. Sind Ihre Fragen damit beantwortet?«

»Hast du dich schon jemandem anvertraut?«

»Ja, meiner Tante. Ich kriege das schon auf die Reihe, keine Sorge.«

»Du kannst jederzeit wieder zu mir kommen. Es gibt auch eine AIDS-Beratungsstelle am Kunigundendamm, wenn du mit jemand anderem sprechen möchtest.« Er nahm eine Broschüre aus seinem Schreibtisch und reichte sie Tara. »Auf der letzten Seite stehen die entsprechenden Telefonnummern, auch von Beratungsstellen außerhalb Bambergs.«

»Danke. Kann ich jetzt den Test machen?«

»In einem Fall wie deinem hätten wir eine Prophylaxe vornehmen können.«

»Was ist das?«

»Eine vorsorgliche Behandlung nach dem Risikokontakt. Die genaue Bezeichnung ist HIV-Post-Expositions-Prophylaxe. Sie soll verhindern, dass man HIV-positiv wird. Für die Behandlung muss man über zwei bis vier Wochen mehrere Medikamente einnehmen. Mit unangenehmen Nebenwirkungen.«

»Wie die ›Pille danach‹, meinen Sie?« Tara horchte auf. »Funktioniert das denn?«

»Die Prophylaxe kann eine Infektion nicht mit Sicherheit verhindern. Sie soll auch nicht leichtfertig eingesetzt werden, sondern nur bei Situationen mit hohem Infektionsrisiko.« Doktor Brunn machte eine Pause. »Vor allem muss sie innerhalb von 72 Stunden nach der möglichen Übertragung beginnen.«

»Das heißt, jetzt nutzt es nichts mehr«, sagte Tara enttäuscht. »Warum sagen Sie mir das überhaupt?«

»Ich wollte dir keine falschen Hoffnungen machen. Aber vielleicht gerätst du irgendwann wieder in so eine Lage. Dann musst du sofort zu uns kommen. Du darfst es nicht aufschieben.« Der Arzt erhob sich. »Was auch immer du über HIV und AIDS gehört hast – es gibt inzwischen aussichtsreiche Behandlungsmethoden. Wir sind nicht machtlos dagegen, wir müssen es nur rechtzeitig wissen. Bei einem positiven Testergebnis, das hast du vorhin schon angedeutet, können wir ab einem bestimmten Stadium der Infektion spezielle Medikamente verabreichen. Diese Medikamente unterdrücken die Vermehrung der Viren und verlangsamen den Verlauf der Krankheit. Seit ihrer Anwendung wurde die Todesrate bei AIDS um bis zu 70 Prozent gesenkt. Allerdings treten bei diesen antiretroviralen Medikamenten dauerhafte Nebenwirkungen wie Übelkeit, Durchfall und Erbrechen auf. Die Lebensqualität verbessert sich trotzdem erheblich, auch wenn wir AIDS noch lange nicht besiegt haben.« Er holte Atem. »So, das war der theoretische Teil.«

Er führte Tara in einen kleinen Behandlungsraum neben dem Sprechzimmer und wies sie an, sich auf eine Pritsche zu legen, die von einer Papierbahn bedeckt war. Sie krempelte einen Ärmel ihres Pullis hoch und blickte an die Decke. Doktor Brunn wickelte einen Gurt um ihren Oberarm, zog ihn straff und suchte eine geeignete Vene. Dann piekste es.

Während er Tara Blut entnahm, redete der Arzt weiter. »Wir schicken deine Blutprobe nach Oberschleißheim bei München, ins Landesamt für Gesundheit. Dort gibt es ein Labor, in dem das Blut auf HIV-Antikörper getestet wird. Das ist ein so genannter Suchtest. Nach drei bis sieben Tagen bekommen wir das Ergebnis.«

»Also vielleicht schon Ende der Woche?«, fragte Tara.

»Dann kannst du bei uns anrufen und dich erkundigen, ob das Ergebnis bereits da ist. Aber du musst auf jeden Fall persönlich vorbeikommen. Ich will es dir unter vier Augen mitteilen. Klar?«

»Klar.«

»Fertig.« Doktor Brunn legte die Spritze beiseite, löste den Gurt und presste einen Tupfer auf Taras Armbeuge. »Halt ihn bitte fest.«

Kurz darauf klebte er ein Pflaster auf die Stelle. »Wie fühlst du dich?«

»Zieht ein bisschen.«

»Hast du Schwindelgefühle?«

»Nein.« Tara stand auf.

»Hattest du in letzter Zeit irgendwelche Beschwerden?«, fragte Doktor Brunn. »Fieber, Durchfall?«

»Nein.«

»Eine Entzündung. Oder eine Erkältung?«

»Nichts Ernstes. Ein paar Bläschen am Mund.« Sie wies auf ihre Unterlippe. »Die gingen aber ganz schnell wieder weg.«

»Manchmal weist der Test nämlich auch andere Antikörper nach.«

»War's das jetzt?«, fragte Tara und ging zurück ins Sprechzimmer.

»Ich dachte, du hast das Infomaterial gelesen?«

»Ja, hab ich«, wunderte sich Tara.

»Dann müsstest du wissen, dass dieser erste Test nicht ausreicht. Es gibt eine diagnostische Lücke.«

Tara hatte die Stelle nur überflogen. »Was heißt das?«

»Das Infektionsrisiko liegt bei dir erst eine Woche zurück. Der Körper braucht eine Weile, um Abwehrstoffe herauszubilden. Deshalb musst du in zwölf Wochen einen weiteren Bluttest machen.«

»Das Ganze noch mal?«

»Der zweite Test ist ein Bestätigungstest. Erst danach lässt sich mit Sicherheit sagen, ob sich nach dem Risikokontakt HIV-Antikörper gebildet haben, das heißt, ob eine HIV-Infektion vorliegt.«

»In zwölf Wochen, sagen Sie?«

»Das ist Ende Juli«, sagte Doktor Brunn. »Beginn der Sommerferien.«

»Und erst dann kann ich hundertprozentig sicher sein?«

»So ist es.«

»Ziemlich lang.«

»Wir reden hier nicht über einen Schnupfen. Oder über eine Geschlechtskrankheit.«

»Wem sagen Sie das?« Tara hatte ihre Nervosität und ihre Ängste unterdrückt. Jetzt brachen sie hervor. »Meinen Sie, ich hab mir keine Gedanken gemacht?«

»Du hast dich bisher sehr vernünftig verhalten«, sagte Doktor Brunn anerkennend. »Das finde ich beachtlich, du hast meinen uneingeschränkten Respekt. Wollen wir hoffen, dass es nur blinder Alarm war.«

Tara steckte die Ausdrucke und die Broschüre in ihre Tasche und schickte sich an zu gehen.

»Wollen wir uns nicht noch ein wenig unterhalten?«, fragte der Arzt. Es ärgerte ihn, dass er sich so gestelzt ausgedrückt hatte.

»Worüber?«

»Über dein Sexualverhalten.«

»Keine Angst.« Sie lachte hohl. »Ich werde enthaltsam sein.«

»Darum geht es nicht.«

»Wollen Sie mir ein Aufklärungsgespräch aufhängen?«

»Wir sollten zumindest –«

»Sex ist für mich bis auf weiteres gestorben«, sagte Tara schroff.

»Sicher wäre es kein Fehler, wenn du dich eine Weile zurückhältst. Aber Geschlechtsverkehr ist nichts Bedrohliches. In deinem Alter –«

»Meinen Sie, ich vögele wild durch die Gegend? Ich bin nicht *so* eine.«

»Das merke ich doch.«

»Ich weiß, dass ich andere anstecken kann. Falls Sie das meinen.« Tara öffnete die Tür. Sie war kurz davor loszuheulen und biss sich auf die Lippe. »Wissen Sie, wie oft ich jeden Tag dusche? Ich weiß, dass es nichts bringt, aber ich mache es trotzdem.«

»Das ist ganz normal«, beeilte sich Doktor Brunn zu erwidern.

»Was wollen Sie mir erzählen?«, sagte sie aufgebracht. »Dass ich meinen Freund überreden soll, Gummis zu benutzen? Dass ich ihm keinen blasen soll? Dass ich mich nicht betrinken soll, weil ich sonst die Kontrolle verliere?«

»Hast du einen Freund?«

»Nicht mehr lange«, gab sie zurück und verließ das Sprechzimmer.

»Wir sehen uns in einer Woche«, rief ihr Doktor Brunn hinterher.

Was soll ich bis dahin tun?, fragte sich Tara. Und was soll ich bis zu den Sommerferien machen?

9

»Tara hat es dicker hinter den Ohren, als wir alle dachten«, sagte Britta.

Sie lag auf dem Bauch und ließ sich von Turk mit Sonnenschutzmilch einreiben. Der Junge hat gefühlvolle Hände, dachte sie, die reinste Verschwendung. Janine war in dieser Beziehung wahrscheinlich ziemlich anspruchslos.

Niemand widersprach.

»Reich mir mal die Zeitschrift.« Britta richtete sich gerade so weit auf, dass Steffen ihre Brüste sehen konnte. Er saß mit verschränkten Beinen auf seinem Handtuch und reagierte erst, als Britta seine Zehen anstupste.

»Vielen Dank.« Sie verharrte kurz in ihrer Position, breitete die Zeitschrift vor sich aus und legte sich wieder hin. Sie fühlte Steffens Blick auf sich ruhen. Ziemlich ausgehungert, fand sie, betrachtete seine ansehnlichen Bauchmuskeln und blickte dann schnell zu dem Sprungturm, in dessen Nähe sie sich niedergelassen hatten.

Das Freibad war angenehm leer am Montagnachmittag. Die Clique war sofort nach der letzten Schulstunde aufgebrochen, um keinen Sonnenstrahl zu verpassen. In den Baumkronen rauschte das hellgrüne Laub. Ein unregelmäßiger Westwind brachte hin und wieder etwas Kühlung.

»Komisch, dass Tara immer noch fehlt«, sagte Turk und verschloss die Sonnenmilchtube.

»An ihrer Stelle würde ich mich bis zu den Sommerferien nicht mehr blicken lassen«, sagte Britta. »Spielt im Biergarten die Ahnungslose. Wofür hält sie sich?«

»Weiß jemand, wie es ihr geht?«, fragte Dschingis.

»Keine Ahnung«, erwiderte Nikola. Sie saß neben Britta und hatte alle im Blick. »Tara empfängt nicht«, setzte sie spöttisch hinzu. »Ich hab versucht, sie anzurufen. Ihre Mutter hat mir was von der Regel erzählt. Ziemlich lange Regel, sag ich da nur. Wenn ihr mich fragt, haben die Gregoris keinen blassen Schimmer, was läuft.«

»Ich kann's immer noch nicht fassen.« Dschingis schüttelte den Kopf, wodurch ihm seine Dreadlocks in die Stirn fielen. »Erst das mit Claas. Und jetzt hängt Tara mit drin.«

»Selber schuld«, sagte Britta zu den Grashalmen vor ihrem Gesicht. »Wir alle mochten Claas. Aber er war eben kein unbeschriebenes Blatt.«

»Claas konnte nichts dafür«, widersprach Dschingis.

»Sei bitte nicht so naiv.« Britta setzte sich auf und hielt die Schnüre ihres Bikinioberteils hoch, damit Steffen einen Knoten hineinmachte. Turk kam ihm zuvor.

»Claas hatte noch Glück«, fuhr Britta fort. »Stellt

euch mal vor, wenn die Krankheit erst ausgebrochen wäre. Hässliche Sache.«

»Claas ist tot«, sagte Mellie. »Aber was ist mit Tara? Er könnte sie infiziert haben.«

»Genau. Danke, dass es mal jemand ausspricht«, gab Britta zurück. Sie drehte sich um und zog ihren Bikini zurecht. »Und deshalb fasse ich diese Frau nur noch mit der Kneifzange an.«

»Du übertreibst.« Mellie trug einen Badeanzug, der schon bessere Tage gesehen hatte. An den Hüften war er völlig ausgeleiert, was sie nicht weiter störte. Mellie konnte Tara gut leiden, auch wenn sie andere Vorstellungen von Treue hatte. »Tara braucht jetzt Hilfe. Sie muss sich entsetzlich fühlen.«

»Mit AIDS ist nicht zu spaßen«, sagte Hergen, der Mellie ansonsten bedingungslos zustimmte. »Das ist eine tödliche Krankheit.«

»Tara hat kein AIDS«, antwortete Mellie.

»Aber sie könnte AIDS kriegen«, sagte Hergen. »Und sie könnte andere damit anstecken.«

»Mikroverletzungen«, ergänzte Nikola. »Im Mundraum zum Beispiel. Oder Pickel.« Sie blickte zu Steffen, dessen Haut eine Kraterlandschaft war. »Hat sie es dir schon gebeichtet?«

»Nein«, sagte Steffen wahrheitsgemäß und begriff nicht, wie sehr er sich damit zum Narren machte.

Janine erschien mit einem Arm voll Pappschalen und verteilte Pommesportionen. Britta sprang auf. »Hört auf, Trübsal zu blasen. Hier kommt Futter!«

Sie machten sich über die Pommes her. Steffen gab seine Portion an Turk weiter. Er hatte keinen Appetit. Dass Tara ihn betrogen hatte, wurde ihm erst jetzt in vollem Umfang klar. Die andern mussten ihn für einen totalen Idioten halten.

»Wie soll es weitergehen?«, fragte Dschingis. »Ich meine, wie wollen wir uns Tara gegenüber verhalten? Irgendwann wird sie wieder in die Schule gehen müssen. Die nächsten Klausuren stehen an.«

»Wir tun einfach so, als sei nichts gewesen«, sagte Britta.

»Du bist das Letzte!«, sagte Steffen.

»Vorsicht, Herzchen. Was hast *du* denn bisher unternommen? Du hast doch nicht mal gewusst, dass Tara mit Claas in der Kiste war. Und so wie es aussieht, war Claas nicht der Einzige. Du glaubst wohl noch an den Klapperstorch.«

Turk lachte. Er war manchmal schwer von Begriff. Janine gab ihm einen Stoß in die Rippen. »Wenn ich Tara wär, würd ich möglichst schnell einen AIDS-Test machen«, sagte sie pragmatisch.

»Hast du damit Erfahrung?«, fragte Nikola. Es ärgerte sie immer noch, dass Tara ihr diesen hübschen Kerl weggeschnappt hatte, mit dem sie sich an der Bar über *Tiger and Dragon* unterhalten hatten. Was sie natürlich für sich behielt.

»Ich kenne Leute, die auch ab und zu einen Test machen sollten«, erwiderte Janine. »Selbst wenn sie so tun, als würde sie das alles nichts angehen.«

»Meinst du mich«, fragte Britta.

»Wen denn sonst? Wenn hier jemand quer durch den Gemüsegarten –«

»Augenblick mal! Ich hab nie was mit Claas gehabt! Der kam mir noch nie ganz geheuer vor.«

»Was soll das heißen?«, warf Dschingis ein.

»Claas hatte AIDS!«

»HIV«, gab Dschingis zurück.

»Na und, ist doch das Gleiche«, sagte Britta. »Wie hat er sich wohl infiziert? Bei einer Nutte? Hey, Turk, ihr wart doch zusammen in Prag. Lief da was?«

»Nicht dass ich wüsste«, antwortete Turk.

»Vielleicht hat er Drogen genommen«, fuhr Britta fort.

»Wer tut das nicht?«, lachte Dschingis.

»Harte Drogen, Heroin und so was. Gebrauchte Nadeln und Spritzen, davor wird doch überall gewarnt.«

»Claas nahm keine Drogen«, widersprach Dschingis. »Der rauchte nicht mal einen Joint. Das bringt mich zu sehr runter, hat er immer gesagt.«

»Wer hat ihn eigentlich jemals mit einer Frau gesehen?«, fragte Britta. »Ich meine, länger und fest?«

Alle überlegten und schüttelten nach und nach den Kopf.

»Am Ende war er versteckt schwul. Und du«, Britta deutete auf Dschingis, »hast es nicht mal gemerkt.«

»Möglich.« Er schüttelte den Kopf. »Aber total unwahrscheinlich. Spielt das überhaupt eine Rolle?«

»Ich überlege mir nur, vor welchen Typen ich mich in

Zukunft in Acht nehme.« Britta nahm ihr Oberteil wieder ab und legte sich auf den Rücken. Sie wusste, dass sie die Jungs damit verrückt machte.

Nikola setzte eine Sonnenbrille auf und tat es ihr gleich. Bislang hatte sie sich im Freibad noch nie oben ohne gesonnt. Es war zwar nicht ausdrücklich verboten, aber unüblich wegen der vielen kleinen Kinder. Vor allem befürchtete sie, aufgrund ihrer großen, ungebräunten Brüste gehänselt zu werden. Überhaupt fand Nikola ihre Figur schwerfällig und unproportioniert. Britta hatte zwar auch keine Traummaße, dafür aber jede Menge Selbstbewusstsein. Außerdem verstand sie es, sich so zu geben, als sei oben ohne das Natürlichste auf der Welt.

Turk bekam Stielaugen.

»Was soll das werden?«, fragte Dschingis. »Sind wir hier auf Mallorca?«

»Kannst ja gehen, wenn du willst«, sagte Britta. »Spießer!«

»Was wollt ihr beweisen?«, fragte Mellie.

»Dass wir uns wegen nichts zu schämen brauchen«, kicherte Britta.

Mellie fing an, ihre Sachen zu packen. Janine schloss sich ihr an, ebenso Dschingis. Turk und Hergen blieben sitzen und öffneten zwei Dosen Bier aus ihrem Vorrat.

Steffen reagierte eine Weile nicht. Er sah zu, wie sich Britta und Nikola in der Sonne räkelten und es sichtlich genossen, dass sie die Blicke auf sich zogen. Im Grunde war oben ohne ja nichts Besonderes, aber sie lagen in einem Abschnitt des Freibads, an dem jede Menge Leute vorbeikamen. Manche glotzten unverhohlen, manche drehten den Kopf verlegen weg, andere schauten missbilligend.

Steffen hatte keine Ahnung, was er tun sollte. Tara hatte ihm einen Schmerz zugefügt, den er zuvor nicht gekannt hatte. Es war ein böser, beißender Schmerz, das genaue Gegenteil des Hochgefühls, das er bei ihrem ersten Kuss empfunden hatte. Schließlich stand er wortlos auf, raffte sein Handtuch zusammen und ging zum Ausgang.

Dort wartete Tara. Sie wartete schon lange und hatte ihre Freunde aus der Ferne beobachtet. Bei jedem Wort, das sie wechselten, hatte sie gewusst, dass es um sie ging. Von Mellie hatte sie erfahren, wie die Dinge standen.

»Es ist vorbei«, sagte sie zu Steffen. »Ich mach Schluss.«

Tara gab ihm keine Gelegenheit, etwas zu erwidern. Sie stieg auf ihr Fahrrad und trat so lange in die Pedale, bis jedes Gefühl aus ihren Beinen verschwunden war.

10

Bert Gregori war ein Mann, den nichts so leicht erschüttern konnte. Er hatte vor ein paar Jahren begonnen, sich stärker seiner Familie zu widmen. Deshalb hatte er seine Auslandsaufenthalte im Fernen Osten stark eingeschränkt und mit seiner Firma eine diesbezügliche Vereinbarung getroffen. Seiner Karriere war das nicht gerade förderlich, aber er hatte sich damit abgefunden und hoffte, dass sich nach und nach eine familienfreundlichere Unternehmenspolitik durchsetzen würde. Viel Zeit hatte er dadurch zwar nicht gewonnen, doch zumindest war er jetzt nicht mehr wochenlang weg. Bert war Ingenieur und hielt sich für jemanden, der imstande war, mit jedem Problem fertig zu werden.

Er spürte auch, wenn etwas nicht stimmte. Das hatte er in seinem Beruf gelernt. Fehlerdiagnosen. Tara war zwar seit Dienstag wieder zur Schule gegangen, widerstrebend, doch ohne erkennbare körperliche Beschwerden. Jetzt war Freitag, später Nachmittag. Als Tara vor einer Stunde im Geräteschuppen verschwunden war, ahnte Bert, dass ihr etwas auf der Seele lag.

Er machte sich auf vieles gefasst. In seiner Jugend Ende der 70er-Jahre war er alles andere als ein Waisenknabe gewesen. Er kannte kleine Verfehlungen ebenso wie größere Entgleisungen, das gehörte dazu. Während des Studiums hatte das Leben dann erst richtig begonnen. Manchmal dachte Bert mit Bedauern an diese Zeit zurück, als er die meisten Dinge auf die leichte Schulter nahm und darauf wartete, was die Welt ihm zu bieten hatte. Mit seinen Freundinnen hatte es nie Probleme gegeben, Liebeskummer kannte er nicht. Dann kam die Ehe mit Ulla, gegen die er sich anfangs gesträubt hatte. Und hin und wieder sträubte er sich immer noch, etwa wenn er für die Firma im Rheinland oder in Berlin unterwegs war. Ulla hatte von diesen »kleinen Ausflügen« glücklicherweise nicht die geringste Ahnung.

Als seine einzige Tochter schließlich scheibchenweise mit der Wahrheit herausrückte und dabei die Hälfte seiner Zigaretten rauchte, brach Berts Welt in sich zusammen. Er war völlig handlungsunfähig, wie er sich selbst bescheinigen musste. Eine ungewollte Schwangerschaft war das Schlimmste, womit er nach Taras ersten Worten gerechnet hatte. Ulla hatte selbst einmal abgetrieben, als sie am Ende ihres Studiums standen und alles andere als ein Kind gebrauchen konnten. Das war ... eine medizinische Frage gewesen, dachte er, sicher auch eine psychische, aber mit der Zeit hatte es sich wieder gegeben. Mit AIDS war das anders.

Tara hatte ihrem Vater alles erzählt, was es zu sagen gab. Durch die dünnen Vorhänge drang ein diffuses Licht in den Schuppen, die Konturen der Gegenstände verschwammen. Das vergilbte Poster von Marlon Brando in der Pose des jungen Wilden machte alles noch unwirklicher, als hätte ein Schauspieler dieses Geständnis abgelegt, mit knappen Gesten und einem unergründlichen Blick – in einem Film brauchte es dazu nicht mehr.

Tara saß auf dem alten Sofa und starrte ins Leere, Bert kauerte im Schneidersitz vor ihr. Warum hier?, fragte er sich. Auf diesem verdammten Sofa war es passiert. Welcher morbide Reiz zog Tara dorthin zurück? An den Tatort, wenn man so wollte.

Er wusste nicht, dass Tara dadurch ein wenig von der Kontrolle zurückgewinnen wollte, die ihr abhanden gekommen war. Nachdem sie am Freitagmorgen erneut beim Gesundheitsamt gewesen war, hatte sie sich ohne ein weiteres Wort in den Schuppen zurückgezogen. Das Ergebnis des HIV-Tests war – gegen alle Erwartungen – positiv.

Sie hatte es nur durch Zufall herausgefunden. Doktor Brunn war noch im Nebenraum beschäftigt gewesen, während Tara in seinem Büro nervös auf und ab tigerte. Da hatte sie den Notizzettel bemerkt, der an ihre Testunterlagen geheftet war. Vor Schreck war ihr ein kleiner spitzer Schrei entfahren.

Doktor Brunn verfluchte seine Nachlässigkeit. Er hatte Tara versichert, nein, er hatte sie beschworen, dass dieses Ergebnis wenig zu bedeuten habe. Der Lippenherpes, den sie erwähnt hatte, war eine Viruserkrankung. Durch die Stimulierung von Taras Immunsystem konnte ein »falsch-positives« Testergebnis entstanden sein. Die in dem Test nachgewiesenen Antikörper waren vielleicht auf den Herpes und nicht auf HIV zurückzuführen. Doktor Brunn sprach deshalb nicht von einem positiven, sondern von einem »reaktiven« Ergebnis. Das hochsensible Testverfahren hatte auf irgendwelche Viren reagiert, das war alles. »Falschpositive« Ergebnisse kämen zwar sehr selten zustande, aber sie waren nicht auszuschließen. Es konnte sich sogar nur um einen Laborfehler handeln, auch diese Möglichkeit bestand. Der Bestätigungstest in zwölf Wochen war um einiges aufwändiger als der Suchtest. Erst dann sei eine einwandfreie Diagnose möglich.

Tara ließ sich nicht beschwichtigen. Für sie galt es als ausgemacht: Sie hatte sich infiziert, da konnte Doktor Brunn abwiegeln, so viel er wollte. Sie verlangte sofort eine Therapie, doch das lehnte der Arzt wegen der diagnostischen Lücke ab. Ende Juli sollte Tara für den zweiten Test noch einmal ins Gesundheitsamt kommen. Bis dahin stände noch gar nichts fest.

Bert saß zusammengesunken vor seiner Tochter. Es war ein regnerischer Tag. Ulla machte im Supermarkt gerade Einkäufe für das bevorstehende Wochenende. Tara war mit ihrem ratlosen Vater allein, während draußen die Tropfen dichter und dichter fielen. Das Geräusch, das der Regen auf der Dachpappe machte, hatte merkwürdigerweise eine beruhigende Wirkung. Als könnte es nicht noch schlimmer kommen.

Tara hatte alles Mögliche erwartet, aber nicht das: Bert wie ein Häuflein Elend am Boden, schluchzend. Sie ging zu ihm, berührte ihn am Kopf. Er zuckte zusammen. Plötzlich richtete er sich auf.

»Ich möchte nichts mehr hören!«

»Aber der Test –«

»Sag Ulla kein Wort davon! Das wäre ihr Ende, jetzt, wo sie die neue Stelle beim Wohnungsamt hat. Das wirft sie völlig aus der Bahn. Du weißt, wie labil sie ist.«

Tara war wie versteinert. »Heißt das, Mutters Job ist dir wichtiger als –«

»Wir waren auf dem besten Weg, hier wieder geordnete Verhältnisse einkehren zu lassen. Alles lief nach Plan. Was meinst du, wie lange wir darauf hingearbeitet haben?«

»Und was ist mit mir?«, fragte Tara. »Zähl ich gar nicht?«

»Wie kommst du dazu, mir Vorwürfe zu machen?«

»Du hast damit angefangen!«

»Was sollen deine Mutter und ich jetzt tun? Wie sollen wir deiner Ansicht nach reagieren?«

Sagt einfach, dass alles wieder gut wird, dachte Tara.

»Was soll das eigentlich hier?« Bert Gregori wies auf die persönlichen Gegenstände, die Tara bereits in den Schuppen gebracht hatte. Der indonesische Gebetsteppich von Rosemarie ging ihm seit jeher gegen den Strich.

»Ich wohne jetzt hier«, sagte Tara. »Wenn ihr mich nicht mehr bei euch haben wollt.«

»Kommt gar nicht infrage.«

»Soll ich mir eine Wohnung suchen?«

Bert Gregori versuchte, sich zusammenzunehmen.

»Du bist meine Tochter. Ich verstehe ja, dass du durcheinander bist. Aber dein Platz ist in unserem Haus.«
»Mein Platz ist jetzt hier.«
»Wir können das nicht erlauben.«
»Was könnt ihr überhaupt?«, fragte Tara.

11

»Brauchst du noch etwas?«, fragte Ulla Gregori. Sie blieb an der Tür des Schuppens stehen und stellte Müslipackungen und H-Milch-Kartons ab.

Tara hatte lange mit ihr gesprochen. Ulla übernahm meistens den Standpunkt ihres Mannes, so war sie nun einmal, obwohl sie sich für emanzipiert und selbstständig hielt. Sie hatte ihrer Tochter zugehört und sich von ihr die medizinischen Einzelheiten erklären lassen. Anfangs hatte sie behauptet, alles werde sich schon wieder einrenken. Während Tara noch ihren Fall erklärte, murmelte sie dann vor sich hin, warum Tara ihr das angetan habe. Sie habe doch immer das Beste für ihre Tochter gewollt. Beim Thema Mitleid kam Ulla Gregori immer als Erstes auf sich zu sprechen. Sie litt seit einigen Jahren an Migräneanfällen, die sie oft tagelang ans Bett fesselten. Deswegen fiel sie Tara ins Wort und berichtete von ihrem letzten Arzttermin, als hätte sie schon selber genügend Krankheiten und wolle nicht mit einer neuen belästigt werden. Allerdings habe sie jetzt bei der Volkshochschule eine Vortragsreihe über AIDS belegt, um auf dem Laufenden zu bleiben. Bald könne sie mit Rat und Tat zur Seite stehen. Vorerst solle Tara jedoch ihren Willen bekommen und in diesem Loch hausen, wenn sie darauf bestand.

»Verschwinde, Mutter«, war alles, was Tara dazu einfiel. Sie hörte viel Musik über ihren MP3-Player, gefühlvolle Folkpop-Lieder von Heather Nova und anderen Sängerinnen. Die Musik half ihr, eine gewisse Nüchternheit zu bewahren und nicht in Depressionen zu versinken. Depressionen kannte sie von ihrer Mutter zur Genüge. Sie schwor sich, ihrem Selbstmitleid Grenzen zu setzen.

Tara schrieb Tagebuch, zum ersten Mal in ihrem Leben. Anfangs versuchte sie, ihren Gesundheitszustand zu protokollieren und jede kleinste Änderung zu notieren. Jeder unwillkürliche Huster ließ sie aufschrecken und an das Schlimmste denken. Nach ein paar Tagen stellte sie jedoch fest, dass sich an ihrem körperlichen Zustand rein gar nichts änderte. Danach schrieb sie auf, was sie über ihre Familie und ihre Freunde dachte. Es war nicht schmeichelhaft. Wenn sie allzu ungerecht wurde, riss sie die Seiten wieder raus.

Die nächste Woche begann. Um sich Bewegung zu verschaffen, ging Tara im nahe gelegenen Michaelsberger Wald spazieren. Dafür brauchte sie nur den Garten zu durchqueren und das Wohnhaus gar nicht zu betreten. Um kurz nach neun war sie sicher, dass Bert und Ulla auf der Arbeit waren. Dann ging sie los und durchstreifte den Wald abseits der Wege. Zecken, die sich trotz ihrer Jeans an den Waden festbissen, entfernte sie mit einer geübten Drehung. Das hatte sie schon im Kindergarten gelernt. Der Wald schwieg. Das hatte sie schon immer an ihm gemocht.

Tara wusch sich in der Regentonne neben dem Schuppen mit einer Wurzelbürste und einem Stück Seife. Immer auch gründlich zwischen den Beinen, das wurde zu einem Ritual, auch wenn es keinen besonderen Zweck erfüllte. Am Donnerstag kippte sie die Tonne aus. Ihr Handy wurde herausgespült und blieb auf dem Rasen liegen. Es war tot, stellte keine Belästigung mehr dar. Weil die zweite Maihälfte verregnet war, kam genug Wasser von oben nach, für Hygiene war gesorgt. Ausreichend frische Unterwäsche hatte sie in den Schuppen mitgenommen, ihre sonstige Kleidung wechselte sie kaum.

Eines Abends schnitt sie mit einer Schere die langen glatten Haare ab. Ihre dunkelbraunen Strähnen reichten bis zum Nabel. Eine nach der andern fiel zu Boden. Vielleicht tat sie es, um Tante Ros mehr zu gleichen, deren Stärke sie bewunderte. Aber das war ihr nicht bewusst. Dann seifte sie ihren Kopf ein, nahm den Einwegrasierer, mit dem sie normalerweise ihre Beine enthaarte, und schabte die Stoppeln ab. Ein paar blutige Stellen blieben auf der Haut zurück.

Sie las viel. Zum Beispiel Schulbücher, die sie interessanter fand denn je, obwohl das Schuljahr für sie wahrscheinlich gelaufen war. Ihre Eltern hatten bis auf weiteres eine Befreiung vom Unterricht erwirkt. Und sie las Romane. Die in Leinen gebundenen Bücher stammten nicht aus ihrem Zimmer. Von Bert und Ulla bekam sie stets die neueste Jugendliteratur geschenkt, doch unter dem alten Sofa hatte Tara andere Bücher entdeckt. Sie stammten von ihrem Großvater, der die Eiche gepflanzt hatte. »Theodor Kaminski« stand darin in sauberen, nach rechts geneigten Buchstaben, mit blauer Tinte, die inzwischen leicht ausgeblichen war. Kaminski war der Geburtsname ihrer Mutter. Unter den Büchern befand sich Karl May, den Tara mit Rührung und Belustigung verschlang. Aber da waren auch E. M. Forster, Virginia Woolf und ein Band mit expressionistischen Gedichten. Die gefielen Tara am besten. Sie waren zwar nicht gerade erhebend, aber die Stimmung, die darin herrschte, entsprach ihrer eigenen. Es war eine Mischung aus Aufbruch und Verderben.

Tante Ros besuchte sie und übermittelte Reueschwüre von Bert, der immer wieder am Schuppen anklopfte und ein einseitiges Gespräch begann. Dabei spielte er die Gefahren von AIDS herunter und bat Tara, zurück ins Haus zu kommen, bei allem Respekt für ihren Wunsch, sich zurückzuziehen. Tara hatte ihm jedes Mal auf freundliche Weise gesagt, dass es ihr momentan nicht besser gehen könne. Sie fühle sich wohl mit ein wenig Abstand zur Familie, ohne die Last alltäglicher Verpflichtungen.

Ulla schickte Plastikschüsseln mit allerlei Salaten und Entschuldigungen. Sie fühlte sich durch die VHS-Vorträge noch nicht ausreichend informiert, um etwas Konstruktives beitragen zu können. Tara fiel auf, dass Ulla ihr in den letzten Jahren gleichgültig geworden war. Weil sie ihre Mutter fast nur in niedergeschlagener Stimmung kannte, nahm sie Ulla nicht mehr als Person wahr, mit der man über einschneidende Dinge reden konnte. Tara wusste nicht, was Ulla bedrückte. Sie hatte sie buchstäblich aus den Augen verloren.

»Positiv?«, fragte Tante Ros zum dritten Mal. Sie konnte es einfach nicht fassen.

Tara erklärte ihr die Einzelheiten des AIDS-Tests. Dass bei dem ersten Test auch andere körpereigene Abwehrstoffe erfasst würden. Entscheidend sei der genauere Test in zwölf Wochen.

»Und warum wird nicht sofort ein genauer Test gemacht?«

»So ist nun mal die Vorgehensweise«, sagte Tara. »Warum sollten die für mich eine Ausnahme machen? Ich bin nichts Besonderes.«

»O doch, das bist du!«

»Hab Geduld, Tante Ros. Ich sage es dir sofort, wenn sich was ändert.« Tara ergriff die Hand ihrer Nenntante, die sich wie Krepppapier anfühlte. »Du hast mir sehr geholfen. Aber was jetzt kommt, muss ich mit mir selbst austragen.«

»Du kannst froh sein, dass deine Eltern das hier mitmachen.« Tante Ros wies auf die Wände der Hütte und Taras Habseligkeiten.

»Bei andern Eltern wär ich längst über alle Berge«, erwiderte Tara.

»Du sollst wissen, dass wir dich lieben. Und dass wir alles in den Griff kriegen, was dir ... schaden könnte.«

»Wir – bist das du?«

»Red kein dummes Zeug.«

»Sie können es nicht zeigen«, sagte Tara. »Sie stehen sich selbst im Weg.«

»Du lässt sie ja gar nicht an dich ran.«

»Aus verständlichen Gründen.«

»Hast du dir deshalb deine schönen Haare abgeschnitten?«

»Das ist praktisch. Und es fühlt sich so an, wie ich momentan sein möchte. Hart wie Granit. Ich trainiere. Mache meine Übungen. Die werden mich noch alle kennen lernen, mit oder ohne AIDS.«

»Du kriegst kein AIDS«, beharrte Tante Ros.

»Warum nicht?«

»Weil ich fest dran glaube. Stell dir vor, ich geh wieder in die Kirche.«

»Wirst du wegen mir religiös?«, fragte Tara.

»Wenn's sein muss. Dem Staat kannst du sagen, dass du aus der Kirche austrittst, wegen der Steuer und so. Aber die Kirche juckt das nicht. Einmal dabei, immer dabei. Aus diesem Verein kannst du nicht einfach austreten.«

»Praktisch für die, die es sich noch mal überlegen.«

»Ich habe aufgehört zu spotten«, winkte Tante Ros ab. »Glaub es oder nicht, da ist so eine tiefe innere Befriedigung, dass nicht alles falsch war, woran ich in der Jugend meine Hoffnungen geknüpft habe.«

»Steckst du eine Kerze für mich auf?« Es sollte unbefangen klingen, aber Tara gelang es nicht, sich zu verstellen. Sie bekam den Tonfall nicht hin.

»Jeden Tag«, antwortete Tante Ros. »Pfarrer Löns hat

sich übrigens nach dir erkundigt. Macht es dir was aus, wenn er mal vorbeikommt?«

»Muss das sein?«, fragte Tara. Sie kannte den Pfarrer ihrer Gemeinde schon seit ihrer Kommunion. Sie hatte nichts gegen ihn, doch es kam ihr übertrieben vor, dass sich der Mann extra herbemühte. Das hatte etwas von Krankensalbung und Letzter Ölung, wie im Altenheim, wo ihre Großmutter Klara untergebracht war.

»Tu mir den Gefallen.«

»Wenn du willst«, sagte Tara.

12

Taras Unterhaltung mit dem Gemeindepfarrer fand am Sonntagnachmittag statt. Der Frühlingsregen ließ endlich nach, die Erde dampfte. Der Wetterumschwung machte Tara unternehmungslustig.

An diesem Morgen, so hatte sie beschlossen, reichte ihre übliche Katzenwäsche nicht aus. Rasch legte sie Jeans und T-Shirt ab, schlüpfte aus ihrem Slip und stieg auf den Rand der Regentonne. Sie nahm ihren ganzen Mut zusammen und ließ sich ins Wasser plumpsen.

Es war eng und wahnsinnig kalt. Aber an Kälte hatte Tara sich mehr oder weniger gewöhnt. Unter heftigem Keuchen schrubbte sie sich mit Bürste und Seife ab und widmete dem Intimbereich wie immer besondere Aufmerksamkeit. Bevor der Pfarrer kam, brauchte sie eine gründliche Reinigung, das machte sie wach und offen für Neues und Altes. Inzwischen bin ich fast wieder bereit, unter Leute zu gehen, dachte sie und entstieg der Tonne.

Pfarrer Löns trug Zivil, war aber als Geistlicher erkennbar. Unschlüssig stand er auf der Wiese. Bert hatte den Rasen seit Wochen nicht mehr gemäht, Gras und Klee bildeten einen dichten grünen Teppich. Nackt war Tara ein Anblick, bei dem es einem Mann schwer fiel wegzusehen.

Im Schwimmbad konnte Tara mit den andern leicht konkurrieren, auch mit Janine, die mit Abstand die beste Figur ihrer Freundinnen besaß. Tara war ein anderer Körpertyp, schmaler in den Hüften, jungenhafter um die Schultern, ansonsten aber so weiblich, wie ein fünfzehnjähriges Mädchen nur sein konnte. Was sie auch ohne Spiegel wusste.

Pfarrer Löns betrachtete einen Löwenzahn zu seinen Füßen. Im Hintergrund warteten Bert und Ulla. Aus gegebenem Anlass verschwanden sie im Haus.

Als Tara den Pfarrer bemerkte, ging sie auf ihn zu und schüttelte ihm die Hand. Danach kleidete sie sich in aller Seelenruhe an. In der vergangenen Woche hatte sie versucht, Scham nur noch sich selbst gegenüber zu empfinden.

Auf einem Campingkocher erhitzte sie heißes Wasser für löslichen Kaffee. Der Pfarrer wirkte verlegen. Er saß auf dem Sofa. Tara reichte ihm eine Tasse und nahm vor ihm auf dem Boden Platz.

Sie ging es direkt an. »Sagen Sie mir, welche Sünden ich begangen habe.«

Pfarrer Löns runzelte die Stirn. Er war über fünfzig, hatte schütteres schwarzes Haar und einen deutlichen Bauch von den Kartoffelklößen, die er gern mit Soße und viel Fleisch zu sich nahm. Seine großen Füße steckten in Gesundheitssandalen. Er wirkte in sich gekehrt, als müsste er dauernd über Dinge nachdenken, die er im Grunde für unlösbar hielt. Seine Art, mit den Menschen umzugehen, war seltsam. Dabei drehte er die Augen zur

Decke, nicht Hilfe suchend, sondern um zu vermeiden, sein Gegenüber direkt anzusehen. Außer den regelmäßigen Kirchgängern fühlten sich die meisten Menschen, mit denen er sprach, unter Druck gesetzt. Das war eine schwierige Ausgangsposition.

»Nun sagen Sie schon!«, beharrte Tara. »Wie lang ist mein Sündenregister?«

»Wenn das eine Beichte werden soll, musst du mir deine Sünden aufzählen. So ist das üblich, aus gutem Grund. Aber ich nehme an, du willst nicht beichten.«

»In den Augen der Kirche bin ich doch sicher, wie sagt man, eine verlorene Seele?«

»Wie kommst du denn darauf?«, fragte der Pfarrer.

»Also, ich hatte vorehelichen Geschlechtsverkehr, mehrmals, um das gleich klarzustellen«, fing Tara an und zählte ihre Vergehen an den Fingern ab. »Dabei habe ich mir AIDS geholt, das ist doch so etwas wie die Geißel Gottes, oder? Außerdem habe ich verhütet. Ich habe meinen Freund betrogen. Und ich würde, sollte ich je wieder Sex haben, immer Kondome benutzen. Ist da nicht mindestens eine Todsünde drunter?«

»Nicht dass ich wüsste«, erwiderte der Pfarrer. »Todsünden haben wir übrigens abgeschafft. Die zehn Gebote reichen völlig aus.«

Tara überlegte. »Lüge. Ich habe gelogen.«

»Mit Absicht?«

»Hat sich so ergeben. Um genau zu sein, habe ich etwas verschwiegen.«

»Deinem Freund?«, fragte der Pfarrer. »Den du betrogen hast?«

»Richtig.«

»Tut es dir Leid?«

»Ja. Ich war ziemlich gemein zu ihm.«

»Hast du es ihm schon gesagt?«

»Nein.«

»Das solltest du aber.« Der Pfarrer nahm einen Schluck von seinem Kaffee. »Sonst noch etwas?«

»Wie? War's das schon?«, fragte Tara verblüfft.

»Meinst du, ich bin gekommen, um dich zu verurteilen?«

Tara schwieg.

»Du hast dich hier häuslich eingerichtet.« Pfarrer Löns betrachtete die Bücher und die CDs, die säuberlich aufgestapelt waren. Da der Schuppen ziemlich klein war, konnte Tara nicht alles herumliegen lassen. Das Geschirr und die Lebensmittel standen auf einem Fensterbrett. Gefegt hatte sie auch. Seit der Party war ihr jede Unordnung verhasst.

»Wie geht es dir?«

»Lassen Sie sich von dem äußeren Eindruck nicht täuschen«, sagte Tara. »Innen drin fühl ich mich beschissen.«

»Deine Tante Rosemarie hat mir die genauen Umstände der Krankheit erzählt. Es gibt noch keinen Beweis, dass du AIDS hast.«

»Man klammert sich an jeden Strohhalm.«

»Du gibst dich doch nicht auf?«, sagte er tadelnd. »Danach sieht es nicht aus in diesem ... Refugium.«

»Ist eine gute Gelegenheit, sich ein paar Gedanken zu machen.«

»Worüber?«

»Dass ich schuld bin.«

»Erklär das bitte.«

»Na ja«, hob Tara an, »ich bin schuld, dass es überhaupt so weit kommen konnte. Ich habe Claas, das ist der Junge, der ... Sie wissen schon ...«

Pfarrer Löns nickte.

»Ich habe es gewollt. Und wer weiß, was passiert wäre, wenn wir es nicht getan hätten. Dann wäre er vielleicht noch am Leben.«

»Meinst du den Autounfall?«

»Ja. Wir haben eine Menge getrunken. Ich habe ihn dazu angestiftet. Weil ich selbst genügend Alkohol brauchte, um es mit ihm zu machen.« Tara wehrte von sich aus ab. »Ich meine nicht ... ich will sagen, Claas war ein echt lieber Junge, auch nüchtern.«

Sie schaute zu Boden und fuhr mit den Fingern über die Holzbohlen. »Ach, ich weiß auch nicht, warum ich es getan hab. Vielleicht wollte ich etwas beweisen. Vielleicht wollte ich es Steffen mal richtig zeigen. Klingt ziemlich rachsüchtig, oder?«

»Steffen ist der Name deines Freundes?«

»Ich hab ihm gesagt, dass es aus ist zwischen uns«, fuhr Tara fort. »Hat ja keinen Sinn, ihm was vorzumachen.«

»Wie hat er reagiert?«

»Er hatte gar keine Gelegenheit, was zu sagen. Ich hab

ihn ohne ein weiteres Wort stehen gelassen.« Sie machte eine Pause und schlug nach einer Fliege, die sie schon die ganze Zeit nervte. »Das war feige, oder?«

»Kann man so sagen.« Pfarrer Löns wog den Kopf hin und her. »Was ist mit deinen Eltern? Wie verkraften sie es?«

»Schlecht, glaube ich. Die haben beide mit sich selbst zu tun.«

»Wer hätte das nicht?«, fragte der Pfarrer und ließ sich schwerfällig neben Tara auf dem Boden nieder. »Versteh mich recht, du bist in einer schlimmen Lage. Es wäre falsch, das zu verschweigen. Die kommenden Wochen sind eine Art Probe.«

»Wofür?«, fragte Tara trotzig. »Ob ich wieder auf den Pfad der Tugend zurückfinde?«

»Die Probe besteht darin, wie du mit Menschen umgehst, die dir nahe stehen. Meinst du, für die ist es einfach?«

»Moment mal«, sagte Tara und rückte vom Pfarrer ab. So viel Nähe war ihr unangenehm. »Ich bin die, die sich angesteckt hat.«

»Aber du bist nicht der Mittelpunkt der Welt. Du hast in diesem Schuppen Gelegenheit, dich abzusondern und zu dir selbst zu finden, soweit das möglich ist in einer solchen Situation. Das ist viel wert und ein erster Schritt. Andere haben diese Gelegenheit aber nicht. Sie müssen weiter ... funktionieren, wie man so sagt.«

»Das müssen sie wohl«, murmelte Tara.

»Und was die Frage der Schuld betrifft: Du hast eine

Dummheit begangen, das ist alles. Dummheiten sind nicht böse.«

»Was ist denn böse?«

»Eine Dummheit dafür zu benutzen, weitere Dummheiten zu begehen. So fängt das Böse an. Es ist ganz klein am Anfang, man kann es leicht ignorieren und die Augen davor verschließen.«

»Danke für die Predigt.«

»Danke für den Kaffee.« Pfarrer Löns verabschiedete sich von Tara und bot ihr an, in ein paar Tagen wieder zu kommen.

»Das möchte ich lieber nicht«, sagte Tara.

»Ganz wie du willst.«

»Ich sage Tante Ros, wenn Sie wieder ... wenn ich glaube, dass es der richtige Zeitpunkt ist. Machen wir es so?«

»Du bestimmst, was geschieht.«

»Nett, dass Sie da waren.«

»Vor ein paar Jahren habe ich dich öfter in der Kirche gesehen.« Er fühlte sich verpflichtet, das anzusprechen.

»Vor ein paar Jahren war ich noch ein kleines Mädchen. Das kann ich nicht ewig bleiben, das verstehen Sie doch?«

»Ich weiß, was du meinst.« Pfarrer Löns blickte an die Decke.

»Die Kirche hat darauf keine Antwort«, sagte Tara.

»Wir haben ohnehin keine Antworten. Nur mehr oder weniger strenge Grundsätze.«

»Ist das nicht das Gleiche?«

»Ich wünschte, es wäre so.«

Als der Pfarrer gegangen war, bekam Tara wieder Besuch von der getigerten Katze. Als hätte sie gewartet, bis die Luft rein war.

»Du bist aber hartnäckig«, sagte Tara. »Macht dir wohl gar nichts aus, dass ich dich aus dem Fenster geworfen hab?«

Die Katze ließ sich auf dem Sofa nieder und begann, sich zu putzen. Tara stellte ihr eine Schale mit Milch und Müsli hin, aber das Tier nahm keine Notiz davon. Als Tara sie streicheln wollte, fuhr sie die Krallen aus, lief jedoch nicht weg.

»Du willst deine Ruhe, oder? Das kann ich gut verstehen.«

Kurz darauf brachte ihr Vater einen Brief von Dschingis, Janine und Mellie. Tiefe Ringe hatten sich unter seinen Augen eingegraben. Wie immer fragte er, ob Tara noch etwas bräuchte. Sie verneinte. Als er wieder gehen wollte, hielt sie ihn am Arm fest.

»Sagst du mir, wenn etwas nicht stimmt?«, fragte sie. »Ich bin nicht aus Zucker.«

»Nein, mach dir keine Sorgen.« Bert hielt inne und betrachtete den Schlafsack, den Tara auf dem Sofa ausgebreitet hatte. Die Katze saß auf der Lehne, ihre Augen funkelten. »Na ja, deine Mutter nimmt das alles ziemlich mit. Sie liegt im Bett, entschuldigt sich, dass sie nicht kommt, um dir Gute Nacht zu sagen.«

»Kannst du nicht Urlaub nehmen?«

»Undenkbar. Der Leverkusener Auftrag geht in die Endphase. Morgen um sechs muss ich wieder ran.«

»Und Tante Ros?«

»Wenn sie dich besucht, sieht sie ab und zu auch bei Ulla nach dem Rechten«, erwiderte Bert. »Aber ihr Laden – jetzt in der Hochsaison kann sie ihn nicht einfach dichtmachen. Sie tut schon mehr als genug.«

»Verliert Mama ihren Job?«

»Sie ist in der Probezeit. Die Ämter sind vorsichtig geworden, auch bei Wiedereinstellungen.«

»Kann ich etwas tun?«, fragte Tara.

»Du?«

»Ja, ich.«

»Werd wieder gesund.« Bert griff sich an den Kopf. »Tut mir Leid, du bist ja nicht krank. Red dir das bloß nicht ein.«

»Ich versuch's.«

»Du weißt ja, wie Ulla auf Probleme reagiert. Sie kann nichts dazu. Das ist psychosomatisch.«

»Meinst du wirklich, Paps?«

Er nickte. Seine Schultern fielen nach vorn. Er sah angeschlagen aus, dachte Tara. Nach nur einer Woche. Wie mochte das weitergehen? Übertrug sich diese verdammte Immunschwäche schon auf ihre Eltern? Oder legte sie nur Probleme offen, die schon vorher da gewesen waren?

»Mach's gut, Tara.« Er gab ihr einen Kuss auf die Wange. Das hatte er die ganze Woche nicht getan. Nicht aus Angst vor Ansteckung, sondern aus ... andern Ängsten. Es brachte ihn völlig durcheinander, dass plötzlich sein eigenes Kind vom Tod bedroht war. Erst vor einigen

Wochen hatte er sich wieder mal vorgenommen, seiner kleinen Familie mehr Zeit zu widmen. Jetzt drohte sie, auseinander zu fallen.

Tara winkte einen Gruß, als sich ihr Vater entfernte. Im Haus herrschte Dunkelheit. Der Mond war zu klein, um ausreichend Licht zu spenden. In der großen Eiche rührte sich kein einziger Zweig.

Tara öffnete den Brief. Darin stand nur: »Das Leben geht weiter.« Mit den Unterschriften von Dschingis, Janine und Mellie.

Die haben ja keine Ahnung. Es hatte Tara ungeheuer viel Mühe gekostet, Pfarrer Löns und ihrem Vater gegenüber stark zu wirken. Jetzt schwand ihre Kraft. Sie ließ sich aufs Sofa sinken und schlüpfte in ihren Schlafsack. Die Katze war weg.

Was konnte sie eigentlich tun?, fragte sie sich. Es half ihr, all diese Gespräche zu führen. Sie drängten einen andauernd wiederkehrenden Gedankengang zurück. Er bestand aus unzähligen »hätte«, »wenn« und »aber«. Wenn sie weniger Alkohol getrunken hätte ... Zumindest den Wodka hätte sie nicht anrühren sollen. Wenn sie an ein Kondom gedacht hätte ... Janine oder Britta hätten ihr bestimmt ausgeholfen, aber Claas hätte vielleicht die Lust verloren. Wenn sie diese Party gar nicht erst gegeben hätte ... Aber dann hätte sich vermutlich eine andere Gelegenheit ergeben, bei der Steffen ... und Claas ...

Ein ums andere Mal rief sie sich Situationen in Erinnerung, in denen sie anders hätte handeln können, kleine und große Abzweigungen des Schicksals, die sie nicht als solche wahrgenommen hatte, als sie vor der Wahl stand.

Was geschehen war, ließ sich nicht mehr rückgängig machen. Sie konnte bestenfalls stärker drauf achten, ob und wann sich wieder eine Abzweigung näherte, um besser vorbereitet zu sein. Bis zur nächsten Abzweigung blieb ihr wohl oder übel nichts anderes übrig, als zu warten – auf den zweiten Test und das Ergebnis. Aufs Leben.

13

Am Tag der Mathe-Klausur ging Tara wieder zur Schule. Sie kam absichtlich ein wenig zu spät, um keinen Mitschülern, sondern nur der Aufsicht in der Haupthalle über den Weg zu laufen. Obwohl sie den Lehrer noch nie im Unterricht gehabt hatte, erkannte er sie, trat einen Schritt zurück und winkte sie mit einem aufgesetzten Lächeln weiter. Tara fragte sich, ob so etwas wie ein Steckbrief über sie kursierte.

Mellie hatte Tara Fotokopien ihrer Aufzeichnungen aus dem Unterricht vorbeigebracht. Mellie war ein Mädchen mit Prinzipien. Sie hatte schwere Vorbehalte gegen das, was Tara getan hatte. Aber sie war zur Stelle, wenn ihre Hilfe gebraucht wurde.

Als Tara das Zimmer der Klasse 10a betrat, wurde es augenblicklich still. Herr Falkenstein sah von den vorbereiteten Klausuraufgaben hoch und musterte sie.

»Schön, dass du wieder da bist, Tara«, sagte er und schien sich ein Lächeln abzuringen. »Wir schreiben heute Klausur, ist dir das klar?«

»Ja, natürlich«, sagte Tara. »Ich würde die Klausur gern mitschreiben.«

»Du hast eine Menge Stoff verpasst. Traust du dir das zu?«

»Probieren kann ich's ja.«

»Wie du meinst«, sagte Herr Falkenstein.

Tara ging durch die Zweierreihen zu ihrem Platz neben Nikola. Ihr rasierter Kopf kam ihr wie die Spitze eines Leuchtturms vor. Erwartungsgemäß zog sie alle Blicke auf sich. Sie setzte sich.

Nikola betrachtete Tara misstrauisch. »Was willst du denn hier?«, zischte sie.

»Das schaffe ich schon«, gab Tara zurück. »Zu Hause hab ich's einfach nicht mehr ausgehalten.«

»Bist du nicht ...«

»Krank? Das kann man noch nicht genau sagen.«

Tara holte ihre Schreibsachen aus der Tasche. Mellie, die einen Platz weiter vorn saß, warf ihr einen aufmunternden Blick zu. Tara lächelte zurück und blickte sich kurz um. Turk und Hergen schauten weg, als wären sie beim Abschreiben erwischt worden. Janine nickte ihr zu. Steffen beobachtete sie aus den Augenwinkeln. Tara tat so, als bemerkte sie es nicht.

»Was gibt's denn da zu grinsen?«, ließ sich Britta aus den hinteren Reihen vernehmen. Sie sprach mit gedämpfter Stimme. »Spaziert hier rein, als wär sie was ganz Besonderes.«

Herr Falkenstein begann, die Klausuraufgaben auszuteilen.

»Was soll das?«, flüsterte Nikola so laut, dass es jeder hören konnte. »Du warst doch seit zwei Wochen nicht mehr in der Schule.«

»Keine Sorge, ich hab zu Hause gelernt.«

Nikola rückte demonstrativ an den Rand ihres Pults.

»Was ist denn?«, fragte Tara. »Ich hab nicht die Pest oder so was.«

»Du siehst furchtbar aus«, sagte Nikola und vertiefte sich in das Prüfungsblatt, während Herr Falkenstein die Aufgaben vorlas. Es war Algebra, vorwiegend Potenzrechnungen und das Entschlüsseln komplexer Formeln mit zahlreichen Unbekannten.

»Die Zeit läuft ... jetzt«, sagte er und schaute auf seine Armbanduhr. »Viel Glück!« Er lehnte sich hinter seinem Tisch zurück.

»Sei nicht kindisch«, raunte Tara Nikola zu. »Du kannst dich nicht anstecken, nur weil du neben mir sitzt.«

»Lass mich zufrieden«, gab Nikola zurück und brütete über der ersten Aufgabe. Mit Algebra stand sie auf Kriegsfuß. Mathe gehörte zu den Fächern, deretwegen ihre Versetzung auf der Kippe stand. In Physik und Französisch hatte sie noch größere Probleme.

Tara war schon immer gut in Mathe gewesen. Vor einiger Zeit hatte sie zwar das Interesse verloren, weil der Stoff immer abstrakter wurde. Aber beim Lernen mithilfe von Mellies Aufzeichnungen war sie wieder auf den Geschmack gekommen. Zahlen, Formeln und Funktionen, das war eine klar umrissene, logische Welt. Dabei gab es keinen Interpretationsspielraum wie in Geschichte oder Deutsch. Die Lehrsätze blieben unabänderlich. Es kam darauf an, die Aufgaben zu verstehen und eingeübte Verfahrensweisen anzuwenden. Um zur

Lösung zu gelangen, war der richtige Ansatz das Wichtigste.

Nikola tat sich schwer. Dabei war die erste Aufgabe noch vergleichsweise einfach. Sie kaute auf ihren Haarspitzen und rutschte unruhig auf ihrem Stuhl hin und her.

Tara schrieb die erste Rechenzeile groß und deutlich auf ihr Blatt und schob es über das Pult.

»Hör auf!«, zischte Nikola.

»Red kein dummes Zeug.«

»Ich brauch deine Hilfe nicht«, beharrte Nikola und schob das Blatt zurück.

»Aber du fällst sonst durch«, flüsterte Tara. Sie wusste, dass Nikola in Mathe unbedingt eine Vier schaffen musste.

»Das geht dich gar nichts an. Was glaubst du, wer du bist?«

»Sei doch vernünftig«, sagte Tara. »Seit wann bist du so arrogant?«

»Wenn hier jemand arrogant ist, dann du!«

Herr Falkenstein trat an Taras Pult. »Wenn ihr nicht still seid, muss ich euch auseinander setzen.«

»Von mir aus!«, sagte Nikola. »Sie stört mich andauernd.«

Tara rang um Fassung. Dass ihre Freundschaft zu Nikola seit der Party nicht mehr dieselbe war, hatte sie mit Bedauern bemerkt. Dass Nikola sich nicht bei ihr gemeldet hatte, konnte Tara ihr nicht zum Vorwurf machen, zumal das Handy nicht mehr funktionierte.

Offenbar hatte Nikola Schwierigkeiten, mit dem AIDS-Verdacht umzugehen. Aber derart zurückgewiesen zu werden, noch dazu vor allen andern, schmerzte gewaltig.

Tara nahm ihre Sachen und stand auf. »Wo soll ich hin?«, fragte sie und sah den Lehrer erwartungsvoll an.

Es gab drei freie Plätze. Nummer eins befand sich direkt vor dem Tisch des Lehrers, neben Martina Wachholz, einer verklemmten Streberin. Die Banknachbarin fehlte wegen einer Sommergrippe. Martina hatte ihre Papiere bereits über beide Pulte verteilt. Tara würde sich unter keinen Umständen in die erste Reihe setzen, das wäre ihr Tod.

Nummer zwei befand sich in der letzten Reihe, direkt an der Rückwand. Das war das Revier von Britta, die bereits höhnisch grinste.

Nummer drei war der Platz neben Steffen.

»Du hast die Wahl«, sagte Herr Falkenstein. »Mach's kurz, wir haben nicht den ganzen Tag Zeit.«

Tara blickte auf den Stuhl neben Steffen. Dort hatte sie schon am Anfang des Schuljahrs sitzen wollen, als sie anfing, in Steffen mehr zu sehen als vorher. Viele Mädchen hatten sich damals neben Jungs gesetzt und umgekehrt, manchmal ohne, manchmal mit Hintergedanken. Es war ein Spiel gewesen, um Herrn Falkenstein zu verunsichern, auch eine Art Mutprobe. Tara hatte sich schließlich neben Nikola gesetzt wie all die Jahre zuvor.

Steffen betrachtete sie, abwartend, wie es seine Art war. Der kahle Schädel stand ihr gar nicht so schlecht.

Er machte sie älter, entschlossener. Ihre Augen wirkten durch die neue Frisur eindringlicher. Steffen mochte Taras Augen. Sie besaßen etwas, was er nicht bezeichnen konnte, eine unbestimmte Ruhe. Ruhig bin ich auch, dachte er. Aber bei Tara wirkte es wie die Ruhe vor dem Sturm: die Bereitschaft, von einer Sekunde auf die nächste zu explodieren. Diese schlummernde Energie imponierte ihm immer noch.

Nur ein paar Schüler schrieben eifrig weiter. Die andern taten, als starrten sie aufs Blatt und beobachteten Tara aus den Augenwinkeln. Herr Falkenstein wippte ungeduldig auf der Stelle.

Tara wartete auf ein Zeichen von Steffen. Dass sie mit ihm Schluss gemacht hatte, vereinfachte seltsamerweise vieles. Sie hatte zwar ein schlechtes Gewissen und Steffen hatte ein Recht auf eine Erklärung, aber wenigstens konnte sie ihm jetzt wieder gegenübertreten.

Steffen hatte sich hintergangen und verletzt gefühlt. Doch nach einer Weile hatte er Taras Abfuhr am Freibad als Befreiung empfunden. Sie hatte ausgesprochen, was ohnehin in der Luft lag. Und jetzt? Sollte er sie im Stich lassen? Wenn sich ein Kajakfahrer zu viel zugemutet hatte und bei einer Eskimorolle nicht mehr hochkam, blieb nicht viel Zeit zum Nachdenken. Steffen zog den freien Stuhl ein wenig zurück.

»Willst du neben Steffen sitzen?«, fragte Herr Falkenstein.

»Wenn es ihm nichts ausmacht«, erwiderte Tara.

Steffen brummte eine Zustimmung.

Tara setzte sich neben ihn und legte ihr Aufgabenblatt auf das Pult. Sie hörte Britta nach Luft schnappen, Steffen widmete sich wieder der Klausur. Bevor Tara es ihm gleichtat, schrieb sie mit ihrem Kuli ein Wort auf die Tischplatte: »Danke.«

14

Sie gaben fünf Minuten vor dem Ende der Klausurzeit ab. Tara und Steffen waren zu denselben Ergebnissen gekommen. Ihre Herleitungen wichen jedoch voneinander ab. Wortlos gingen sie durch die leere Haupthalle. Als der Pausengong ertönte, standen sie bereits in einer abgelegenen Ecke des stufenförmigen Schulhofs. An dieser Stelle hatten sie sich zum ersten Mal geküsst, im März, als überraschenderweise noch Schnee lag. Seither hatten sie den Platz selten aufgesucht. Jetzt zog es Tara dorthin zurück.

»Woran denkst du?«, fragte Steffen.

»So einen Auftritt ertrage ich nicht noch einmal«, sagte Tara. Sie hatte ihre Schultasche mitgenommen und wollte, wenn die Pause vorbei war, nach Hause gehen. »Es war so demütigend. Das hab ich noch nie erlebt.«

»Die beruhigen sich schon wieder. Nikola fühlt sich wahrscheinlich total überfordert.«

»Da ist sie nicht die Einzige«, gab Tara zurück.

»Und Britta reißt nur ihre Sprüche. Niemand nimmt sie wirklich ernst.«

»Da bin ich mir nicht so sicher. Warum ist sie so gehässig? Was hab ich ihr denn getan?«

»Jeder reagiert unterschiedlich. In einer Ausnahmesituation sind die Menschen unberechenbar. Wenn jemand zum Beispiel Angst hat zu ertrinken, klammert er sich an allem fest, was er zwischen die Finger kriegt. Darauf muss man als Rettungsschwimmer achten.«

»Du immer mit deinen Weisheiten von der Wasserwacht«, sagte Tara. »Das nützt mir jetzt gar nichts.«

»Ich versuche nur, jemanden wie Britta zu verstehen.« Steffen konnte sie von weitem erkennen. Sie stand in einer Gruppe von Schülern und schien sich über die Klausur auszulassen. »Hast du dir mal überlegt, dass sie auch etwas mit Claas gehabt haben könnte?«

»Britta?«

»Es würde zu ihr passen.«

»Weißt du irgendwas Genaueres?«, fragte Tara. »Das wär ja der Hammer.«

»Ich habe sie auf dem letzten Schulfasching zusammen gesehen, in der Nähe der Sporthalle.«

»Echt?«

»Vermutlich hat das nichts zu bedeuten, Britta probiert es ja bei allen möglichen Jungs.«

»Und bestimmt hat sie immer Kondome dabei«, sagte Tara hämisch. »Darauf kannst du Gift nehmen.«

»Zahl es ihr nicht mit gleicher Münze heim«, erwiderte Steffen. »Wie geht es dir eigentlich?«

»So lala.« Tara drehte sich vom Pausenhof weg und lehnte sich über die Brüstung, von der aus der Bamberger Dom mit seinen von Grünspan bedeckten Türmen zu sehen war. Steffen stützte sich mit verschränkten Armen neben ihr ab und betrachtete sie von der Seite.

Taras Augen verengten sich, als wolle sie einen weit entfernten Punkt über den Dächern der Stadt ausmachen.

Dschingis und Janine näherten sich. Als sie sahen, dass die beiden anscheinend unter sich bleiben wollten, machten sie kehrt.

»Hast du einen AIDS-Test gemacht?«, fragte er.

»Ja. Aber ich muss im Juli noch mal hin, bis dahin können sie nichts Sicheres sagen.« Tara verschwieg ihm, dass der erste Test positiv war.

»Kommst du zurecht?«

»Ich bin in den Schuppen bei uns im Garten eingezogen. Da kann ich in aller Ruhe nachdenken.«

»Was meinst du mit ›eingezogen‹?«, fragte Steffen überrascht.

»Ich lebe dort. Das ist ziemlich urig, wie im Ferienlager. Mal eine Abwechslung.«

»Allein?«

»Natürlich.« Tara lachte. »Auf Gesellschaft kann ich momentan verzichten.«

»Hört sich einsam an.«

»Einem alten Einsiedler wie dir würde das gefallen.«

»Ich weiß nicht«, sagte er zweifelnd. Steffen schätzte es zwar sehr, seiner älteren Schwester und seinem kleinen Bruder aus dem Weg zu gehen und sich in der Kellerwerkstatt seines Vaters stundenlang mit Schiffsbausätzen zu beschäftigen, aber wenn er seine Familie nicht jeden Tag sah, vermisste er sie.

»Jedenfalls werde ich vorerst im Schuppen bleiben und dort die kommenden Wochen abwarten«, fuhr Tara fort. »Das Schuljahr hab ich abgehakt. Keine zehn Pferde bringen mich in diese Klasse zurück. Wenn ich die Zehnte wiederhole, werden die Karten neu gemischt.«

»Du wirst dich doch nicht von ein paar Idioten unterkriegen lassen.«

»Vielleicht brech ich die Schule auch ganz ab.«

»Wie kommst du denn darauf?«, fragte Steffen entsetzt.

»Oder ich wechsle auf ein anderes Gymnasium. Wo mich keiner kennt.«

Der Schulgong ertönte. Tara rührte sich nicht von der Stelle.

»Weißt du, was bei einem Bergungstod passiert?«, fragte Steffen.

Tara schwieg.

»Wenn man in der kalten Jahreszeit in den Fluss fällt und eine Zeit lang im Wasser bleibt, bei einem Bootsunfall oder so, unterkühlt man. Im Winter reichen schon ein paar Minuten im eiskalten Wasser, dann ist es aus.«

»Und?«

»Die meisten Leute denken, wenn man sie aus dem Wasser gezogen hat, ist alles okay. Sie schälen sich aus ihren nassen Klamotten, bekommen eine Decke umgelegt und etwas Heißes zu trinken. Vor Erschöpfung wollen sie sich dann hinlegen. Das darf man auf keinen Fall zulassen. Sie müssen unbedingt sitzen bleiben.«

»Warum?«

»Sonst strömt das kalte Blut aus den Beinen hoch zum Herzen und man stirbt.«

»Obwohl man denkt, dass man in Sicherheit ist«, ergänzte Tara. »Ziemlich fies.«

»Das kommt häufig vor. Man darf sich nicht ausruhen, bevor die Gefahr ganz überstanden ist.«

»Hab ich auch nicht vor«, sagte Tara. Die Gefahr war alles andere als überstanden, im Gegenteil. Zurzeit schwamm sie noch im kalten Wasser und Rettung war nirgends in Sicht.

Sie war gerührt. Steffen ermahnte sie auf seine Weise, nicht aufzugeben. Dabei wusste er nicht mal, wie ernst es in Wirklichkeit um sie stand.

»Es tut mir Leid, dass es zu Ende ist«, sagte sie.

»Mir auch.«

»Muss hart für dich sein. Ich hab mich scheußlich verhalten.«

Steffen nickte. So wie früher würde es nicht mehr werden. Er fühlte sich immer noch stark zu ihr hingezogen. Am liebsten hätte er den Arm um Tara gelegt und ihr Mut zugesprochen, dass sie es gemeinsam schon irgendwie durchstehen würden. Aber er war noch lange nicht bereit, ihr zu verzeihen. Dafür brauchte er eine Weile, wie für alles andere auch.

15

Steffen ging in die Klasse zurück, während Tara das Amalien-Gymnasium verließ und mit dem Fahrrad nach Hause fuhr. Bei einer Metzgerei machte sie Halt, um ein Brötchen mit Leberkäse zu kaufen. Der Laden war leer.

Die Verkäuferin machte ein Gesicht, als sei ihr ein Geist erschienen. »Was willst *du* denn hier?«

»Einmal Leberkäse.«

Tara kannte die Frau, seit sie als kleines Mädchen von ihrer Familie zum Wursteinkaufen geschickt worden war. Die Verkäuferin machte nie viele Worte, aber auf ihre raue Art war sie immer freundlich gewesen.

Widerstrebend machte sie sich jetzt daran, eine Scheibe Leberkäse von einem großen Laib abzuschneiden. Tara trat an die Theke, um zu sehen, was es sonst noch an gebratenen Leckereien gab.

»Geh nicht zu nah ran«, sagte die Frau.

Tara betrachtete die Scheibe, hinter der Hühnerbeine, Spareribs und Frikadellen lagen. Das Glas war bedeckt von Fingerabdrücken, wie sie neugierige Kinder hinterlassen. Sie räusperte sich.

»Muss das sein?« Die Frau beeilte sich, das Brötchen mit Leberkäse zu belegen.

»Was ist denn los?«, wunderte sich Tara und trat einen Schritt zurück.

»Wir sind verpflichtet, auf Sauberkeit zu achten.«

»Ja und?«

»Nichts und«, erwiderte die Verkäuferin barsch und legte das Brötchen auf die Theke.

Tara wollte ihr zwei Euro reichen, aber die Frau reagierte nicht. Schließlich ließ sie die Münzen in eine Plastikschale vor der Kasse fallen, nahm das Brötchen und biss hinein.

»Kannst du das nicht draußen essen?«

»Ich hab schon verstanden«, sagte Tara und öffnete die Tür.

Die Verkäuferin nahm die Plastikschale und leerte das Geld in die Kasse.

In diesem Augenblick betrat eine neue Kundin den Laden. Es war Doris Meierhoff, die Taras Mutter immer zu allen möglichen Kursen überredete. Yoga, Heilfasten, Tai-Chi, sie probierten alles aus, was gerade in Mode war. Als Frau Meierhoff Tara erkannte, drückte sie sich an einen Rollständer mit Grillgewürzen. Fast wäre sie gestürzt, weil der Ständer in Bewegung geriet. Tara hielt ihr eine Hand hin, doch Frau Meierhoff wich zurück. Der Ständer wurde von der Wand gebremst und die Frau gewann ihr Gleichgewicht zurück. Sie stammelte eine Begrüßung und ging die Theke entlang zum Frischfleisch. Kalbsschnitzel waren im Angebot.

»Hat es sich schon rumgesprochen?«, fragte Tara.

Frau Meierhoff tauschte mit der Verkäuferin Blicke und sagte, was sie an Fleisch brauchte.

»Sie könnten wenigstens antworten«, rief Tara, verließ den Laden und knallte die Tür so heftig zu, dass der Rahmen bebte.

Sie nahm noch einen Bissen von ihrem Leberkäsbrötchen, dann warf sie es angewidert in den Rinnstein.

16

Auf dem Weg zum Altenheim kam Tara an Leuten vorbei, die sie flüchtig oder nur vom Sehen kannte. Der Mutter von Hergen. Zwei Schülern aus der Kollegstufe. Dem Musiklehrer, bei dem sie ein paar Jahre Querflöte gelernt hatte. Es schien ihr, als betrachteten die Leute sie länger als nötig.

Tara trat kräftiger in die Pedale. Um keinen Bekannten mehr zu begegnen, nahm sie Umwege in Kauf. Sie fuhr am Regnitz-Ufer und am Alten Kanal entlang, unter der Nonnenbrücke hindurch und am Flurbereinigungsamt vorbei. An der Fußgängerbrücke, die zum Stadtpark führte, bog sie links ab.

Am meisten wurmte sie, dass Frau Meierhoff in der Metzgerei nichts erwidert hatte. Keine billige Ausrede, keine besserwisserische Ermahnung, kein ungerechter Vorwurf. Als wäre Tara einer Antwort nicht würdig.

Tara hielt vor dem Altenheim und sperrte ihr Fahrrad ab. An der Rezeption erkundigte sie sich, in welchem Zimmer ihre Großmutter untergebracht war. Vor kurzem war Oma Klara in den Pflegebereich verlegt worden. Tara hatte noch keine Gelegenheit gefunden, sie zu besuchen. Das wollte sie jetzt nachholen.

Es dauerte eine Zeit, bis ihre Großmutter sie erkannte. Anfangs sprach sie Tara mit »Ulla« an. Dann bemerkte sie ihren Fehler und korrigierte sich. Sie könne nichts mehr im Kopf behalten. Tara solle nicht böse sein.

Das Zimmer war bedeutend kleiner als das Appartement, in dem Klara Gregori zuvor gewohnt hatte. Es glich mehr einem Raum in einem Krankenhaus. Außer ein paar gerahmten Bildern auf der Fensterbank waren keine persönlichen Gegenstände zu sehen.

Oma Klara wollte aufstehen und nach einer Tafel Schokolade suchen, wie sie es immer getan hatte, wenn ihre Enkelin kam. Tara beschwor sie, im Bett zu bleiben. Von der Pflegerin hatte sie erfahren, dass ihre Großmutter vor ein paar Tagen gestürzt war, als sie versucht hatte, allein aufs Klo zu gehen. Glücklicherweise hatte sie sich nichts gebrochen.

Es war ein warmer, trockener Tag. Durch die sommerlichen Temperaturen traten die Gerüche der alten Frau umso deutlicher hervor. Urin, Schweiß und Medikamente. Auf dem Nachttisch stand ein Duftspray, das die Ausdünstungen überdecken sollte. Aber der künstliche Fliedergeruch bewirkte das Gegenteil. Tara öffnete das einzige Fenster und versprach ihrer Großmutter, es wieder zu schließen, wenn sie ginge. Oma Klara war empfindlich gegen Zugluft.

Früher hatte sie Tara noch eine Reihe immer gleicher Fragen gestellt. Wie es in der Schule lief. Ob Tara schon wisse, welchen Beruf sie ergreifen wolle. Ob sie gesund sei.

Auch jetzt bewegten sich Oma Klaras Lippen unentwegt, doch sie brachte keinen Laut hervor. Tara schrieb es ihrer Zittrigkeit zu, es wirkte nicht so, als suchte sie nach Worten. Mit Sicherheit ließ sich das allerdings nicht sagen.

Klara Gregori war 76. Sie hatte ihren Körper lange und rücksichtslos strapaziert. Allmählich war es genug, wie sie sehr wohl wusste. Sie war alt und litt unter zunehmendem Gedächtnisverlust. Der Blick nach vorn, in eine vorhersehbare Zukunft, fiel ihr leichter als der Blick zurück.

So sah es also aus, wenn der Körper nach und nach seine Funktionen einstellte. Tara beobachtete Oma Klara bei dem Versuch, ihr einen Rest Aufmerksamkeit zu schenken. Auf dem Nachthemd war ein Muster aus roten Rosen. Diese Blumen waren ihre Leidenschaft gewesen. Auf solche Details achtete ihr Sohn Bert, der sie einmal die Woche besuchen kam.

Tara konnte sich gut an die Rosenbeete erinnern. Oma Klara hatte viele davon angelegt. Der Gemüsegarten hinter ihrem Häuschen in Frensdorf, einer kleinen Ortschaft bei Bamberg, war am Ende immer mehr zu einem Blumengarten geworden. Doch schließlich hatte sie das Anwesen verkauft, um sich das Altenheim leisten zu können. Bereut hatte sie es nie, das Leben im Altenheim war um ein Vielfaches angenehmer. Durch die Gesellschaft der anderen Frauen war sie in den ersten Jahren richtig aufgelebt.

Bald würde ihre Großmutter an Schläuchen hängen

und niemanden mehr erkennen, dachte Tara. Die Organe würden eins nach dem andern versagen und die Bewegungslosigkeit ein Übriges tun.

»Ich habe heute eine Klausur geschrieben«, sagte Tara. »In Mathe.«

Oma Klara schaute sie erwartungsvoll an.

»In dem Fach bin ich gut. Wahrscheinlich hab ich bestanden.«

Die alte Frau lächelte und tätschelte Tara die Hand. Warum tat sie das?, fragte sich Tara. Die Klausur würde völlig bedeutungslos sein, wenn sie das Schuljahr abbrach.

»Kluges Mädchen«, sagte Oma Klara.

»Ich weiß immer noch nicht, was ich werden will«, fuhr Tara fort. »Ehrlich gesagt mache ich mir darüber momentan auch keine Gedanken.«

Oma Klara schüttelte den Kopf, um ihr beizupflichten. »Du hast noch Zeit«, quetschte sie hervor. Tara merkte ihr an, wie sehr sie sich dabei anstrengte.

Die alte Frau war Vorarbeiterin in einer Zuckerfabrik gewesen. Sie hatte mit Bert in der Nähe von Berlin gelebt, bevor sie in den 60er-Jahren die DDR verließ und nach Bayern zog. Danach hatte sie als Kantinenfrau ein geregeltes Auskommen gehabt. Stets hatte sie bis zum Umfallen gearbeitet. Für ihre Enkelin erhoffte sie eine bessere Zukunft, wusste aber nicht, wie die Aussichten dafür standen. Zeitung konnte sie nicht mehr lesen, der Fernseher schläferte sie ein.

»Bist du gesund?«, fragte Oma Klara.

»Schwer zu sagen«, gab Tara zurück.

Ihre Großmutter drehte den Kopf und sah sie besorgt an.

Tara überlegte. Wenn Oma Klara wusste, was AIDS war, wäre sie aufs Höchste beunruhigt. Wenn nicht, war es fraglich, ob sie eine HIV-Infektion begriff. Tara konnte es also einfach verschweigen, um ihre Großmutter zu schonen. Aber wäre das fair? Einem Sterbenden sagte man doch auch, unter welcher Krankheit er litt und wie lange er noch zu leben hatte. Oma Klara anzulügen, kam Tara wie Verrat vor.

»Ich fühl mich gesund«, sagte sie schließlich. »Aber vielleicht hab ich mir ein Virus eingefangen. Ich muss noch einen Test machen, dann weiß ich es genau.«

Oma Klara starrte eine Weile an die Decke. »Ist es ernst?«, fragte sie mit flattriger Stimme.

»Ja.«

»Kannst du daran sterben?«

»Möglicherweise.«

Oma Klara rührte sich nicht. Ihre Augen waren glasig.

Das hatte Tara befürchtet. »Mach dir keine Sorgen«, sagte sie schnell. »Davon geht die Welt nicht unter.«

Ihre Großmutter schaute sie strafend an.

»Ich will dir nichts vormachen«, beteuerte Tara. »Wenn ich das Virus habe, muss ich in Therapie. Aber so ist es nun mal. Was soll ich groß rumreden?«

Oma Klara nickte. Sie nahm Taras Hand und führte sie an ihren Schädel. An eine Stelle über ihrem linken Ohr. Tara spürte eine Schwellung.

»Tumor«, sagte Oma Klara.

»Was sagst du da?«, fragte Tara. »Heißt das, du hast Krebs?«

»Gutartig.«

Oma Klara hielt Taras Hand noch eine Zeit lang fest. Ihr Blick war streng. Dann lächelte sie und führte Taras Finger an ihre Lippen. Es war eine Geste, in die sie vernarrt war. Schon nach Taras Geburt hatte sie als Erstes die winzigen Finger ergriffen und einen Kuss darüber gehaucht. Jetzt schmiegte sie ihre faltige Wange an Taras Hand. Nach einer Weile schloss sie die Augen und schlief ein.

Tara wollte ihre Hand vorsichtig zurückziehen, ohne Oma Klara zu wecken. Dann beschloss sie, ihre Großmutter noch ein wenig zu beobachten. Sie wollte sich ihre Gesichtszüge einprägen. All die Furchen, die das Leben und die Sorgen hinterlassen hatten. Tara wollte keine einzige vergessen.

Mit ihrer freien Hand rückte sie den Stuhl näher an das Bett heran. Durch das Fenster wehte eine leichte Brise ins Zimmer. Die Zeit verstrich.

17

Zu Hause gab es Streit. Weil Bert aus Unachtsamkeit sein Handy zu Hause liegen gelassen hatte, war Ulla auf einige verfängliche SMS-Nachrichten gestoßen. Es ging um die Geschäftsreise nach Leverkusen. Mit wem er sich ein Zimmer geteilt hatte.

»Wer ist ›Darling‹?«, stellte sie ihn zur Rede, nachdem sie selbstquälerisch jede SMS abgeschrieben hatte.

»Eine Kollegin. Kennst du nicht.«

»Du meinst, es ist besser, wenn ich sie nicht kenne.« Der Verdacht riss Ulla aus ihrer Passivität. »Ist sie von hier?«

»Nein, aus Berlin.« Bert sah keine Möglichkeit, es abzustreiten. Die verdammten Handynachrichten waren leider eindeutig.

»Wie lange geht das schon so?«

Bert zögerte. »Hat sich erst kürzlich ergeben.«

»Du lügst!«

»Es ist nichts Ernstes. Ein Ausrutscher.«

»Sicher kein einmaliger!«, fuhr sie ihn an.

»Denk, was du willst. Davon kann ich dich ja nicht abhalten.«

»Unser Kind schwebt in Todesgefahr und du suchst dir die nächstbeste ...«

»Werd nicht hysterisch.« Bert legte kein Bekenntnis ab. Er gab Vorwürfe und Rechtfertigungen von sich, so wie er es auch im Berufsleben tat. In seiner Position war es alles andere als ratsam, Fehler offen einzugestehen oder so etwas wie Reue zu zeigen.

»Aber warum?«, fragte sie verzweifelt.

Ulla brauche sich nicht zu wundern, wenn er woanders Vergnügungen suche. So fing er an. Ihre dauernden Kränkeleien hielte ja kein Mensch aus. Berts Fähigkeit, die Gefühle anderer Menschen einzuschätzen, war auf seine Mutter begrenzt.

Es war, als sei Ulla aus einer jahrelangen Starre erwacht. Sie fegte durchs Haus und zerschlug, was ihr in die Finger kam. Es hatte sich einiges angestaut. Und es gab viel zu zerdeppern.

Sollte er ihr alles sagen? Seine mehr oder weniger befriedigenden Affären ausbreiten und reinen Tisch machen? Es lag ihm auf der Zunge. Seit Tara in der Patsche steckte, hatte Bert die Heimlichkeiten satt. Bei jedem Problem flüchtete Ulla in ihre Migräne und streckte alle viere von sich. Aber ein umfassendes Geständnis würde es nur noch schlimmer machen. Eine Trennung konnte er seiner Tochter derzeit nicht zumuten.

Bert sagte kein Wort mehr. Ulla sollte möglichst wenig gegen ihn verwenden können. Außerdem würde er Tara auf keinen Fall kampflos aufgeben. Seine Ehe und seine Rolle als Vater waren zwei Paar Schuhe.

Tara hatte einen Grund mehr, im Schuppen zu bleiben. Hin und wieder ging sie ins Haus, um den aktuellen

Stand der Krise mitzubekommen. Aber sie wollte keine Partei ergreifen und sich nach Möglichkeit aus dem Konflikt raushalten.

Jetzt erwies sich das Tagebuch als nützlich. Tara hielt die verschiedenen Stufen des Streits fest. Er gipfelte darin, dass Bert in sein Arbeitszimmer im Keller zog, zumindest zum Schlafen.

Ulla versuchte, Tara gegen Bert einzunehmen und sie auf ihre Seite zu ziehen, indem sie den Fehltritt ihres Mannes in den grellsten Farben darstellte und noch einige andere hinzufügte. An der Art der Schilderungen merkte Tara, dass Ulla ihre Vermutungen und Verdachtsmomente schon lange im Stillen weitergesponnen hatte. So viel konnte ihre Mutter gar nicht über Berts Geliebte wissen, dachte Tara. Nie im Leben hatte dieser Feigling ihr das alles von sich aus erzählt.

Sie sagte, ihre Eltern könnten machen, was sie wollten. Was mit ihrem Zimmer geschehe, sei ihr egal. Sie habe mit ihren eigenen Problemen zu tun. Worauf Bert und Ulla betreten schwiegen.

Schließlich sprach Tante Ros ein Machtwort. Dieses Ehedrama habe Tara gerade noch gefehlt. Aus Erfahrung wusste sie, dass es manchmal doppelt und dreifach kam, ein Problem zog das andere nach sich, es war wie ein Leck in einem Boot. Deshalb bot sie an, mit Tara drei Wochen nach Schottland zu reisen. Von Bert wusste sie, dass seine Tochter für den Rest des Schuljahrs vom Unterricht befreit war. Direktor Knippenberg hatte unter den gegebenen Umständen auf ein psychologisches

Attest verzichtet. Da Tara keine körperlichen Beschwerden hatte, war sie zwar eigentlich schulpflichtig, aber Bert hatte dem Direktor erklärt, unter welch hohem Druck sie wegen des ersten Testergebnisses stand. Knippenberg gab zu bedenken, dass Tara die gesamte letzte Klausurenrunde des Schuljahrs verpassen würde. Doch ihre Leistungen waren immer gut gewesen. Vielleicht würde eine Nachprüfung angesetzt werden, je nachdem wie sich die Dinge bis zum zweiten Test entwickelten.

Tara wollte von der Schule momentan eh nichts wissen. Begeistert stimmte sie Tante Ros' Vorschlag zu und packte ihre Sachen, die ohnehin auf Campingformat geschrumpft waren. Sie verständigte Steffen. Der war enttäuscht, weil er plante, zusammen mit Tara, Dschingis, Janine und Mellie ein Wochenende am Baggersee zu verbringen. Tara vertröstete ihn auf ihre Rückkehr.

Tante Ros bezahlte die Reise. Von Bert bekam Tara dreihundert Euro Taschengeld, von Ulla zweihundert. Tara versteckte die Scheine zwischen den Polstern des alten Sofas im Schuppen und machte stattdessen einen Teil ihrer CD-Sammlung zu Geld.

Die oberste Regel in Schottland war: kein Wort über AIDS. Für Tara wurden es die schönsten Ferien ihres Lebens. Sie fragte sich oft, womit sie das verdient habe, zumal der Urlaub nicht gerade dem entsprach, wonach Tante Ros sonst der Sinn stand. Regen und Feuchtigkeit schreckten sie am meisten und die Mücken konnten im schottischen Sommer eine wahre Plage sein. Aus unerfindlichen Gründen war die Wahl trotzdem auf Schottland gefallen.

Tante Ros hatte ein altes Zelt und zwei unförmige Rucksäcke aus ihrer Jugend vom Speicher geholt. Mit einer Billigfluglinie flogen sie nach Glasgow und fuhren von dort aus mit der Bahn in die Highlands. In einem Dorf namens Loch Luichart stiegen sie aus und gingen querfeldein nach Norden. Ihr Ziel war Cape Wrath an der Nordwestspitze Schottlands. Tante Ros hatte eine Woche für die Strecke veranschlagt, aber das war reine Illusion, zumal sie sich schon am ersten Tag Blasen lief. Ein Förster nahm sie in seinem Geländewagen bis zur nächsten Ortschaft mit. Per Bahn und einer kleinen Fähre gelangten sie auf die Isle of Skye. Dort mieteten sie sich in einer hübschen Pension ein und lachten über die plötzlich einsetzenden sintflutartigen Regenfälle, denen sie gerade noch entronnen waren.

Sie nahmen sich vor, keine zwei Nächte am selben Ort zu verbringen. Auf diese Weise erkundeten sie die äußeren Hebriden, die schottische Westküste und die Lowlands. Dort unternahmen sie Fußmärsche, an denen Tante Ros mehr Gefallen fand, vor allem wenn sie an Pubs vorbeiführten. Sie übernachteten auf Campingplätzen, in Bed&Breakfast-Häusern und Jugendherbergen, einmal sogar in einem vornehmen Castle. Das mehrgängige Menü am Abend war ausgezeichnet. Als Hauptgericht gab es Hummer. Mit den Zangen und Spießen, die man dafür benutzte, konnten Tante Ros und Tara nicht das Geringste anfangen. Sie brachen den

Panzer mit den Händen auf, worauf das Personal sie behandelte wie zwei Schwerverbrecher. Tante Ros bestellte aus Trotz eine weitere Portion und putzte alles bis auf den letzten Happen weg. Der Abend überzog ihr Budget gewaltig. Die beiden stellten ihre Ernährung für einige Tage auf Fish&Chips um. An den Imbissbuden redeten sie sich mit »Mylady« und »Mistress« an.

Schottlands karge, sanft geschwungene Landschaft wirkte auf Tara beruhigend, die ständigen Wetterwechsel beflügelten sie. Sie verbesserte ihr Englisch – auf den Urlaubsreisen mit ihren Eltern, die stets in den Süden führten, hatte sich dafür kaum Gelegenheit geboten. Besonders schätzte sie es, mit ihren neuen Wanderstiefeln an der felsigen Küste entlangzulaufen und sich an stürmischen Tagen vom Wind durchpusten zu lassen. Tante Ros ließ sie dann allein losziehen und beobachtete Tara von weitem, bis sie hinter einer Klippe verschwand. Die Besorgnis, die sie dabei empfand, behielt sie für sich.

Tara genoss diese Ausflüge. Vergeblich versuchte sie, sich daran zu erinnern, wann sie sich jemals so stark und unabhängig gefühlt hatte. Ihre Kindheit schien eine Ewigkeit zurückzuliegen. Stets brachte sie Tante Ros etwas mit. Muscheln, Steine, ein seltsam geformtes Stück Treibholz. Sie betrachtete es als geringe Gegenleistung für all die Geschenke, die sie selbst im Lauf der Zeit erhalten hatte.

Bei ihren Unterhaltungen war AIDS wie vereinbart kein Thema. Dafür sprachen sie gelegentlich über Bert und Ulla. Anfangs versuchte Tara, sich regelmäßig telefonisch bei ihren Eltern zu melden. Ihr Vater beteuerte, sich wieder mit ihrer Mutter zu vertragen. Ihre Mutter kündigte an, Bert am nächsten Tag vor die Tür zu setzen. Tara glaubte keinem von beiden und reduzierte die Telefonate auf ein Mindestmaß. Tante Ros warb um Verständnis für die beiden. Bert und Ulla hatten momentan einfach zu viel ins Reine zu bringen. Tara solle nicht jedes Wort auf die Goldwaage legen.

Tante Ros erwies sich als echte Freundin, besaß jedoch einige nervige Marotten. Beispielsweise versuchte sie jedes Mal, den Übernachtungspreis herunterzuhandeln. Tara staunte über das Arsenal an englischen Beschimpfungen, das Tante Ros mit großer Selbstverständlichkeit anwandte. Wenn die Verhandlungen festgefahren waren und Tante Ros ihre Flüche verpulvert hatte, schulterte Tara mit Leidensmiene ihren Rucksack und blätterte unbeholfen in ihrem Reiseführer. Das reichte meist, um doch noch einen Preisnachlass herauszuschlagen. Sie waren ein gutes Team.

Außerdem hantierte Tante Ros dauernd mit Landkarten und Stadtplänen herum. Sie wollte immer genau wissen, wo sie sich gerade befanden, selbst bei einer Bootspartie auf dem Loch Ness. Als sie mitten auf dem See waren, ließ Tara die Karte unauffällig verschwinden. Nach einer Weile wollte Tante Ros wissen, wie ein mächtiger dunkler Berg hieß, der steil über ihnen aufragte. Sie suchte panisch nach der Landkarte. Tara entfaltete sie theatralisch, tat so, als suche sie die betreffende Stelle, und sagte schließlich: »Der Watzmann.«

Tante Ros zog die Augenbrauen zusammen und nahm die Karte wieder an sich. Dann lachte sie so herzlich, dass Tara mit einfiel. »Der Watzmann.« Sie schüttelte den Kopf. »Kennst du das gleichnamige Lied?«

Tara kannte es nicht. Deshalb brachte Tante Ros ihr den Text und die Melodie bei.

So kam es, dass sie auf dem Loch Ness im Schatten des Meall Fuar-mhonaidh aus voller Kehle sangen: »Watzmann, Watzmann, Schicksalsberg! Du bist so groß und ich nur ein Zwerg!«

18

Die letzte Woche verbrachten sie in Berwick House, einem sündhaft teuren Hotel in Edinburgh. Als Tara einen Campingplatz vorschlug, hatte Tante Ros gestreikt. Sie brauchte unbedingt noch etwas Luxus und war bereit, für ein elegantes Doppelzimmer im Berwick ihr Konto gehörig zu überziehen.

Am letzten Abend betranken sie sich. Tante Ros hatte in den Pubs schon des Öfteren begehrliche Blicke auf die Whiskyflaschen geworfen, sich aber stets zurückgehalten. Zum Ausgleich rauchte sie wie ein Schlot und trat Tara hin und wieder eine Zigarette ab, obwohl sie dem Mädchen ein gutes Beispiel geben wollte. Schließlich, nach knapp drei Wochen halbherziger Abstinenz, brachen die Dämme.

Sie begannen in der Rose Street, einer Kneipenzeile für Touristen. »Was für ein passender Name«, meinte Tante Ros gut gelaunt und rief dem Barkeeper eine Bestellung zu. Die Bewegungen des Mannes waren zielstrebig und routiniert. Tante Ros fühlte sich wie zu Hause.

Im zweiten Pub rückte sie damit heraus, dass sie einst mit ihrer ersten großen Liebe nach Schottland fahren wollte. Ihre Eltern hatten es verboten, damit war die Sache gestorben.

»Kurz darauf ging die Liebe in die Brüche«, fuhr Tante Ros fort. »Passé.« Sie saßen an einem winzigen Pubtisch und knabberten Scampi Fries, das waren Chips, die nach Krabben schmeckten. Das White Horse besaß eine Einrichtung aus dunklem Holz mit viel Messing. Der riesige Kamin war nicht in Betrieb.

Tante Ros bestellte am Tresen einen besonders guten Whisky und brachte zwei Gläser an den Tisch. Sie waren in Schottland, da musste Tara auch mal das Nationalgetränk probieren.

»Ach deswegen bist du so versessen aufs Reisen«, sagte Tara.

»Wahrscheinlich.« Sie lachte. »Im Grunde ticken wir ganz einfach: Was uns verboten wird, finden wir verlockend. Bei dir und Claas war das genauso.«

»Meinst du?«

»Es hat dich doch gereizt, Steffen eins auszuwischen, oder?«

»Ja, schon.« Tara kippte ihren Whisky in einem Zug runter, wie sie es von Wodka und anderen Spirituosen gewohnt war.

»Was machst du denn da?«, zeterte Tante Ros. »Bist du verrückt? Was für eine Verschwendung!« Sie demonstrierte, wie man ihrer Meinung nach Whisky trank. Zuerst roch sie ausgiebig an dem Kelchglas, schwenkte es ein wenig und murmelte etwas von frischem Heu und Heidekraut. Anschließend nippte sie von dem Whisky, behielt die strohgelbe Flüssigkeit eine Zeit lang im Mund und schluckte sie zu guter Letzt andächtig hinunter.

Dann ließ sie Tara auf die gleiche Weise probieren. Es schmeckte wirklich sehr aromatisch. »Bei dem Fusel kann man richtig poetisch werden«, sagte Tara.

»Von wegen Fusel. Bei Whisky bin ich Expertin.«

Sie beobachteten die anderen Gäste. Das »White Horse« war auch unter Einheimischen beliebt. Tante Ros benahm sich, als gehörte sie zum Inventar.

»Was ist mit Steffen?«, fragte sie schließlich. »Du hast ihn während des ganzen Urlaubs mit keinem Wort erwähnt.« Tante Ros machte eine Pause. Sie spürte den Alkohol. Das fängt ja gut an, dachte sie.

»Na ja, eigentlich ist es aus«, sagte Tara.

»Eigentlich?«

»Steffen hält als Einziger zu mir. Er ist schwer in Ordnung. Mehr als das.«

»Der Ritter in der strahlenden Rüstung.« Tante Ros konnte sich die Bemerkung nicht verkneifen.

»Mach keine blöden Witze!«

»Du magst ihn immer noch«, fühlte Tante Ros vor.

»Wir sind jetzt ... gute Freunde«, erwiderte Tara. »So sagt man doch. Manchmal erschreckt es mich, wie vernünftig er ist. Wie macht er das nur?«

»Hat er dir verziehen?«

»Das ist viel verlangt, oder?«

»Auch Vernunft hat Grenzen. Meinst du, er könnte?«

»Ich glaub schon«, sagte Tara. »Aber dafür muss noch Zeit vergehen. Bis zum zweiten Test ...«

»... ist alles in der Schwebe«, ergänzte Tante Ros. »Und das kann es heute Abend auch bleiben.«

Im nächsten Pub stiegen sie auf Cocktails um und stürzten sich mitten ins Leben. Tante Ros redete sich ein, es wäre ganz nützlich, Tara beizubringen, wie man trotz Alkohol die Kontrolle behielt. Wenn es schon sonst niemand tat.

Je später der Abend wurde, desto mehr Männer lernten sie kennen. Inzwischen waren sie in einer Bar namens Pacific Lounge gelandet. Tante Ros bandelte mit einem jungen Holländer namens Ivo an, der ihr Sohn hätte sein können. Ihre trockene Art übte einen besonderen Reiz auf ihn aus.

Tara beobachtete die beiden beim Tanzen. Tante Ros verstand es, sich ausgelassen und zugleich geschmeichelt zu geben. Es verlieh ihrem kumpelhaften Verhalten eine frauliche Note. Allem Anschein nach machte es auf Ivo Eindruck. Wenn er ihr zu dicht auf die Pelle rückte, zog sie ihn spielerisch an den Haaren. Das konnte alles und nichts bedeuten. Wenn sie Gelegenheit dazu bekam, hatte Tante Ros den Bogen raus.

Ivos Freund hieß Frans. Er war weniger abenteuerlustig als Ivo, dafür aber umso liebenswürdiger. Tara unterhielt sich mit ihm auf Englisch. Frans zog alle Register. Er beschrieb ihre Augen auf eine Weise, wie sie es noch nie von einem Jungen gehört hatte. Tara wusste das durchaus zu schätzen und warf den Kopf lachend in den Nacken. Als er sie beiläufig küssen wollte, ließ sie durchblicken, sie habe einen Freund. Frans begriff, dass bei ihr nichts zu holen war. Er bezahlte ihren Drink und verschwand mit einem kurzen Gruß im Getümmel.

Tante Ros brauchte eine Weile, um sich von ihrem jungen Begleiter zu verabschieden. Sie ging mit ihm auf die Terrasse des Lokals. Dort brannten nur ein paar Partyfackeln, kein Pärchen kümmerte sich um das andere. Ivo vergeudete keine Sekunde. Tante Ros fühlte sich zurückversetzt in eine Zeit, da nichts ihr schnell genug gehen konnte. Die Erinnerungen überrollten sie und löschten alles andere aus. Es gab auch einen kleinen Garten, verdeckt von buschigen Yucca-Palmen in Holzkübeln. Tagsüber konnte man dort Krocket spielen. Tante Ros zog Ivo mit sich.

Als sie zurückkam und Tara allein dasitzen sah, fühlte sie sich schuldig.

»Wie war's?«, fragte Tara.

»Wir gehen besser.«

»Klingt ja nicht so berauschend.«

»Na ja ...« Tante Ros lächelte unbestimmt. »Wartest du schon lange?«

»Mach dir um mich keine Sorgen. Frans hat das Interesse verloren.« Tara wies mit dem Kopf zur Tanzfläche. »Ich glaube, dein neuer Freund möchte noch was.«

Tante Ros betrachtete Ivo. Er wartete auf einen Wink von ihr. Eine Kopfbewegung, mit der sie ihn zu sich dirigierte. »Was ist mit dir?«, fragte sie Tara.

»Alles in Ordnung.« Sie deutete auf ihre Cola. »Ich halt mich zurück.«

»Wir hätten vorher drüber reden sollen, wie du dich verhältst, wenn ...«, stammelte Tante Ros und ließ den Satz unvollendet.

»Aber es ist doch nicht das Geringste passiert«, sagte Tara.

»Hätte aber ... ich meine, du solltest das nicht von vornherein ausschließen.«

»Momentan mach ich lieber keine Experimente.«

»Deine Eltern reißen mir bestimmt den Kopf ab.«

Tara lachte. »Du bist mir 'ne schöne Tante.«

»Tut mir Leid, dass ich einfach so verschwunden bin. Aber ...«

»Hältst du mich für völlig naiv?«

»Natürlich nicht.«

»Bleib doch hier«, schlug Tara vor. »Ich nehm ein Taxi ins Berwick.«

»Kommt gar nicht infrage«, wehrte Tante Ros ab.

»Dann nimm ihn mit. Ich geh noch auf einen Drink in die Hotelbar. Oder auf zwei.«

»Naiv bist du weiß Gott nicht.« Tante Ros schüttelte ungläubig den Kopf. Zugleich war sie erleichtert. Tara schaffte es immer wieder, sie zu verblüffen.

Ivo hob eine Hand zum Gruß. Tante Ros winkte bedauernd zurück und warf ihm eine Kusshand zu. Er zuckte mit den Schultern, ging auf die Tanzfläche und begann, sich zum Rhythmus der Musik zu bewegen.

»Wie gewonnen, so zerronnen«, sagte Tara.

»Bist du jetzt auch noch für Lebensweisheiten zuständig?«, fragte Tante Ros und schob sich mit Tara zum

Ausgang durch. Im vorderen Bereich der Pacific Lounge wurde die Musik etwas leiser.

»Alter schützt vor Torheit nicht«, gab Tara zurück.

»Du könntest ruhig etwas mehr Respekt zeigen.« Tante Ros spielte die Entrüstete. »Ich bin nicht alt.«

»Sondern?«

»Nicht mehr ganz neu. Das ist ein Unterschied.«

Als sie im Taxi saßen, bekamen sie einen Lachanfall. Tante Ros gab prustend den Namen ihres Hotels an. Der Fahrer machte eine launige Bemerkung und fuhr los.

»Stolz?«, fragte Tara, nachdem Tante Ros eine Weile schweigend aus dem Fenster gesehen hatte.

»Und wie!«, antwortete Tante Ros.

19

Am gleichen Wochenende fand in Bamberg eine Siegesfeier statt. Der örtliche Basketballverein spielte in der Bundesliga. Nach mehreren erfolglosen Anläufen hatte die Mannschaft zum ersten Mal die deutsche Meisterschaft gewonnen. Steffen hatte für die Arena keine Karte mehr bekommen, aber die Clique verfolgte das Spiel in einem Lokal in der Sandstraße auf einem Großbildschirm. Als die Schlusssirene ertönte, begann eine Fete, die bis zum Morgengrauen dauerte. Am nächsten Tag war zwar Schule, aber das juckte niemanden. Auf der Markusbrücke, die von hupenden Autokorsos überquert wurde, lief Steffen sogar seinem angeheiterten Chemielehrer über den Weg. Die Kneipen und Straßen waren voller ausgelassener Fans.

Irgendwann lag er auf einer Böschung am Regnitz-Ufer – in den Armen von Nikola. Er konnte nicht behaupten, dass es ihm unangenehm war. Nikolas üppige Formen drängten ihm entgegen. Wer wen zuerst küsste, war ungewiss und auch völlig gleichgültig.

Sie befanden sich an einer geschützten Stelle in der Nähe der Konzerthalle, niemand konnte sie sehen. Von fern hörte man noch vereinzelte Siegesgesänge, die Sperrstunde war längst überschritten.

Steffen ließ sich auf einer Woge des Glücks hinwegtragen. Es kam ihm endlos vor. Als er es wagte, eine Hand unter Nikolas T-Shirt zu schieben, wich sie zurück. Kurz darauf lösten sie sich voneinander.

»Warte«, beruhigte sie ihn. »Es dauert nicht lange.«

Sie ging ein paar Schritte am Ufer entlang und ließ sich hinter einem hohen Wall aus Schilf nieder. Er lag auf dem Rücken und schöpfte Atem. Seine Hose spannte. Nikola schien mehr Erfahrung zu besitzen, als er vermutet hatte. Aber besonders klar konnte er nicht denken, berauscht vom Bier und von seiner Eroberung. Es lief so ganz anders ab als das erste Mal mit Tara an jenem Nachmittag, mit vielen Fragen, Unsicherheiten und mehreren missglückten Versuchen. Damals waren Taras Eltern nicht zu Hause gewesen.

Nikola kam zurück und schlang wieder ihre kräftigen Arme um ihn. »Alles okay, wir können«, sagte sie unbeholfen, da sie nicht wusste, was man bei solchen Gelegenheiten sagte.

Sie hielt ihn noch eine Weile hin. Dann wurden ihre Küsse heftiger, und sie begann, sich an ihm zu reiben. Als Steffen ihren BH aufhakte, löste sich etwas in ihr. Hektisch zogen sie aus, was sie noch am Körper trugen. Nikola presste ihn an sich und ließ ihn nicht wieder los.

Nachher hatten sie es eilig, heimzukommen. Auf ihren Rädern gaben sie sich einen Abschiedskuss und fuhren in verschiedene Richtungen davon.

Irgendwie schafften sie es beide, am Morgen in der Schule zu erscheinen, schon allein, um ihre Eltern zu beschwichtigen. In der Zeitung stand eine ganze Serie euphorischer Berichte. »Bamberg im Siegestaumel« lautete die Schlagzeile im Lokalteil. Ausgeflippte Fans hatten zahlreiche Ortsschilder mit dem Schriftzug »Freak City« überklebt. Noch immer schien die ganze Stadt Kopf zu stehen. Das machte plausibel, warum Steffen und Nikola in der Nacht so lange ausgeblieben waren.

Fast die ganze Klasse sprach über das Basketballspiel, Britta und einige andere machten blau. Die Clique hatte sich nach dem Spiel aus den Augen verloren. Keiner der andern hatte etwas mitgekriegt, und das sollte auch so bleiben, wenn es nach Nikola ging.

Eigentlich konnte man gar nicht mehr von einer Clique sprechen. In den letzten Wochen hatten sich neue Grüppchen gebildet. Britta ging jetzt mit Turk, was zum endgültigen Bruch mit Janine geführt hatte. Auch zwischen Mellie und Hergen war Schluss. Während Britta immer öfter mit Schülern aus den höheren Klassen zu sehen war, blieben Janine und Mellie unter Jungen aus ihrem Jahrgang, zu denen nach wie vor Dschingis gehörte. Nikola hatte sich Britta angeschlossen, Steffen den andern. Die Parteien waren nicht direkt verfeindet, sie gingen sich nur aus dem Weg. Bei Gelegenheit lästerten sie über die Gegenseite, was das Zeug hielt.

Aus diesem und vielen anderen Gründen schauten Steffen und Nikola aneinander vorbei, als sie sich auf dem Gang zum Klassenzimmer trafen. Es war, als hätten sie stillschweigend vereinbart, kein Wort über die vergangene Nacht zu verlieren. Jeder tat so, als hätten sie schon jede Menge One-Night-Stands hinter sich. Als würden der sechzehnjährige Junge, der in einer Gruppe von mehr als zehn Personen sofort zum verstockten Schweiger wurde, und das fünfzehnjährige Mädchen, das sich vor kurzem noch ihrer ausladenden Brüste geschämt hatte, an jedem Wochenende mit einem andern Partner Liebe machen.

Aufgrund von Steffens Reaktion fühlte sich Nikola enorm selbstsicher. Es war anders als nach ihrem ersten Mal mit Hergen, das erst zwei Wochen zurücklag, keine Mischung aus Erleichterung und Enttäuschung, sondern die Gewissheit, dass sie die Regeln des Spiels nun begriffen hatte. Sie wusste jetzt, was sie tun musste, um sich mit einem Mann Lust zu verschaffen, und wie sie sich zu verhalten hatte, damit sie nicht wie ein unerfahrenes Dummchen wirkte. Sie konnte nichts mehr falsch machen. Das war ihre größte Angst gewesen. Jetzt lachte sie über solche Bedenken.

Und was Steffen betraf: Nikola hatte bei der Siegesfeier weniger als sonst getrunken. Sie hatte ihn und keinen andern gewollt. Es war echt scharf mit ihm gewesen, ein anderer Ausdruck fiel ihr nicht ein. Tara, an die sie häufiger dachte, als sie sich eingestehen wollte, hatte ihr nichts mehr voraus. Nikola hatte mit ihr gleichgezogen und mehr als das: Sie wusste jetzt, was Tara durch die Sache mit Claas so leichtfertig weggeworfen hatte. Das verlieh Nikola eine gewisse Überlegenheit, glaubte sie. Sie hatte es Tara nicht heimzahlen wollen, so gewissenlos war sie nicht. Aber es war so wahnsinnig ungerecht, dass bislang immer nur Tara die interessanten Jungs abgekriegt hatte. Sogar den Trekkie mit der grünblauen Jacke, der Nikolas Caipis auf der Party gelobt hatte. An den Tara sich nicht mal erinnerte. Das konnte ihr Nikola nicht verzeihen.

So wie sie Steffen kannte, würde es bei diesem einen Mal bleiben. Nikola konnte sich kaum vorstellen, dass er es herumerzählte. Außerdem betrachtete sie das als ihre Sache.

Zur Verhütung hatte sie nur ein Zäpfchen benutzt. Angeblich war das nicht besonders sicher, aber Britta hatte gute Erfahrungen mit den Dingern gemacht, bevor sie ganz auf die Pille umgestiegen war.

An AIDS hatte Nikola keine einzige Sekunde gedacht. Nicht bei Steffen. Dass Tara sich angesteckt haben konnte, war Pech. Es bedeutete nicht, dass der Rest der Welt gefährdet war.

Steffen genoss seine neue Rolle als Herzensbrecher genau zwei Schulstunden lang. Dann regten sich die ersten Zweifel. Er bemerkte, wie Nikola auf dem Pausenhof mit ihren Freundinnen sprach und vielsagend in seine Richtung wies. Die Mädchen kicherten wie die Hühner. Was Nikola wohl über ihn ausplauderte? Dass er sich wie der letzte Anfänger anstellte, weil er es nicht hatte erwarten können?

Nie wieder, dachte er.

Zu allem Überdruss fielen die nächsten Schulstunden aus, weil in der Haupthalle eine Aufklärungsveranstaltung des Gesundheitsamts stattfand. Ein Arzt namens Doktor Brunn erklärte die möglichen Übertragungswege des HI-Virus. Bei den Schaubildern zum Geschlechtsverkehr war dämliches Gekicher zu hören. Steffen schaute zu Nikola. Sie lächelte hintergründig und drehte ihre Augen zur Decke.

Da Sexualerziehung ein Teil der AIDS-Aufklärung war, beschrieb Doktor Brunn nicht nur Schutzmaßnahmen, sondern auch Verhütungsmethoden. Unter anderem betonte er, dass Scheidenzäpfchen, Schwämmchen und andere chemische Mittel bei weitem nicht sicher genug waren und bestenfalls als Ergänzung verwendet werden sollten. Dann kam er zur »Pille danach«, was Nikola besonders aufmerksam verfolgte. Sie war auch unter den ersten, die Doktor Brunn nach seinem Vortrag für eine Schnellberatung aufsuchten.

Von den Gratiskondomen, die verteilt wurden, nahm Steffen gleich mehrere.

»Hast du heute noch was vor?«, fragte Dschingis grinsend und hielt inne, als er Steffens starren Gesichtsausdruck sah. »Ist schon gut, war nur ein Scherz.«

Kaum war Steffen wieder zu Hause, rief Tara an. Sie sei aus Schottland zurück.

20

Tara ging zunächst in den Schuppen und packte ihre Sachen aus. Erst danach aß sie mit ihren Eltern zu Abend. Bert und Ulla rissen sich zusammen, das musste Tara ihnen lassen. Sie waren froh, dass ihre Tochter wohlbehalten wieder zu Hause war.

»Wasser?«, fragte Ulla.

Tara nickte. Ihre Mutter füllte ihre beiden Gläser und stellte die Flasche wieder hin. Bert bediente sich selbst.

Die Vorstellung war alles andere als perfekt. Auf den ersten Blick verhielten sich Bert und Ulla so, als hätten sie sich versöhnt. Keine bissigen Anspielungen, keine Wutausbrüche, kein bewusstes Wegschauen, wenn der andere um den Salzstreuer oder die Parmesanreibe bat. Bert nächtigte wieder im gemeinsamen Schlafzimmer, in dem jetzt zwei Einzelbetten standen. Ulla hatte das Wohnzimmer nach ihren Vorstellungen umgestaltet. Es wirkte gemütlicher, wenn man die exakte Kopie einer Fotostrecke aus einer Frauenzeitschrift als gemütlich bezeichnen konnte.

Die beiden sprachen nur das Nötigste. All die kleinen Bemerkungen, alltäglichen Fragen und Antworten, mit denen sie sich normalerweise über dieses und jenes verständigten, blieben ungesagt.

Ulla hatte Spagetti Bolognese gemacht. Als Kind war das Taras Leibgericht gewesen. Später hatte sie asiatische Speisen zu schätzen gelernt und mit ihrer Mutter jeden Tag ein anderes Rezept ausprobiert. Doch seit einiger Zeit hegte sie überhaupt keine besonderen Vorlieben mehr. Das wusste Ulla nicht. Tara fand jedoch, der gute Wille zählte, außerdem war sie hungrig. Sie schaufelte zwei Teller voll in sich hinein, Bert aß einen, Ulla hielt sich an den Salat.

Abwechselnd berichteten ihre Eltern, was sich in den letzten Wochen in Bamberg getan und welche Freizeitveranstaltungen Tara verpasst hatte. Ein Zauberfestival, ein Poetry-Slam im Stadtpark, die Play-off-Spiele der Basketball-Bundesliga. Offenbar wollten sie Tara schmackhaft machen, sich nicht im Schuppen zu vergraben.

Außerdem war von der Schule ein Brief gekommen. Wenn Tara weiterhin fehle, sei eine Nachprüfung wenig sinnvoll. Direktor Knippenberg stellte in Aussicht, dass sie nach den großen Ferien auf Probe in die 11. Klasse übertreten könne. Er drückte in dem Schreiben nochmals sein Bedauern über Taras »Missgeschick« aus und die Hoffnung, dass sich alles zum Guten wenden und Taras schulische Laufbahn nicht allzu sehr beeinträchtigt werde.

»Im August hast du noch einen ganzen Monat Zeit, den Stoff nachzuholen«, sagte Ulla, nachdem sie das Geschirr abgeräumt hatte. Sie blieben am Esstisch sitzen wie früher, als sie gemeinsam Brettspiele gespielt hatten. Ihre Eltern saßen sich gegenüber.

»Ich habe Fachliteratur für die 10. Klasse besorgt«, fuhr Ulla fort. »Das ist zu schaffen.«

»Tara soll erst mal den zweiten Test abwarten«, warf Bert ein und schenkte sich ein Glas Grappa ein. »Bis dahin braucht sie sich nicht mit derlei Problemen zu belasten.«

»Ganz meine Meinung«, stimmte Ulla zu. »Aber danach muss sie den Kopf wieder frei bekommen, sonst verliert sie ein ganzes Jahr.«

»Nach dem Test hat sie sich erst mal Ferien verdient.« Bert hatte Reiseprospekte gewälzt. Er plante eine Erlebnisreise nach China, damit seine Tochter auf andere Gedanken kam. Tante Ros war ihm mit dem Schottlandtrip zuvorgekommen. Er wollte Tara zeigen, dass auch er ihr etwas bieten konnte.

»Aber sie war doch gerade in Urlaub«, wunderte sich Ulla.

»Außergewöhnliche Umstände erfordern außergewöhnliche Maßnahmen.«

»Mit solchen Sprüchen lässt sich alles rechtfertigen. Sei mal ein bisschen konstruktiv.«

»Ich?«, fragte Bert mit gespielter Überraschung. »Ich soll konstruktiv sein?«

»Tara hatte jetzt drei Wochen Zeit, Abstand zu gewinnen. Das sollte genügen.«

»Woher willst du das wissen? Bist du Psychologin?«

»Es hat doch keinen Sinn, alles immerzu aufzuschieben«, sagte Ulla. »Dieses Hinauszögern ist einfach nicht auszuhalten. Man muss den Dingen ins Auge sehen.«

Nach langem Zögern hatte sie Berts »Darling« in Berlin angerufen. Es war ein Kraftakt gewesen, gewissermaßen die Überwindung des toten Punkts, an dem sie sich befunden hatte.

»Kann es sein, dass du auf ein Thema anspielst, das wir eigentlich beendet hatten?«, sagte Bert. »In gegenseitigem Einvernehmen, wenn ich das hinzufügen darf.«

»Das hättest du wohl gern. Aber so einfach geht das nicht.« Ulla hatte lange mit der Frau diskutiert. Ihrer Meinung nach war sie als Siegerin aus dem Gespräch hervorgegangen. Seither bestimmte sie wieder selbst, wann in ihrem Leben eine Akte als geschlossen anzusehen war.

Tara schob den Stuhl zurück und stand auf. »Wenn das jetzt wieder losgeht, geh ich lieber.«

»Setz dich«, sagte Ulla mit ungewohnter Schärfe. »Wir unterhalten uns hier über deine Zukunft. Es wäre mir lieb, wenn du dich an diesem Gespräch beteiligen würdest.«

So energisch kannte Tara ihre Mutter gar nicht. »Können wir nicht von was anderem reden?«, fragte sie leicht verwundert und nahm wieder Platz. »Interessiert euch denn gar nicht, wie es in Schottland war?«

»Zuerst möchte ich wissen, wie es dir geht«, sagte Ulla.

»Gesundheitlich?«

»Ja.«

»Bestens«, sagte Tara belustigt. »Wir sind viel gewandert, waren dauernd an der frischen Luft. Na ja, meistens.«

»Hast du dich gut erholt?«, fragte Bert.

»Ja, und ich hab keine Symptome, wenn ihr das meint.«

»Manchmal entwickeln HIV-Infizierte ein paar Wochen nach der Ansteckung eine akute Krankheit, so ähnlich wie bei einer Grippe«, sagte Ulla. »Hast du davon etwas gemerkt?«

»Nein«, gab Tara verdutzt zurück. Anscheinend hatte Ulla inzwischen in ihrem Volkshochschulkurs was gelernt. Wurde auch Zeit.

»Es ist noch nicht gesagt, dass sie infiziert ist«, wandte Bert ein. »Das haben wir doch schon hundertmal durchgekaut.«

Ulla schüttelte den Kopf. »Auf diesen Herpes, auf den der erste Test eventuell reagiert hat, dürfen wir uns nicht zu sehr verlassen. Das ist höchstens ein Hoffnungsschimmer.«

»Und wenn schon«, sagte Bert aufgebracht. »Die Inkubationszeit von AIDS beträgt im Durchschnitt zehn Jahre. Die Medikamente werden ständig verbessert. Bei manchen Infizierten kommt die Krankheit *gar* nicht zum Ausbruch.«

»Die Frage ist, wie es weitergeht.« Ulla schlug eine Mappe auf, in der sie alles abheftete, was mit Taras möglicher Ansteckung zu tun hatte. Sie hielt den Brief von Direktor Knippenberg hoch. »Irgendwann musst du wieder in die Schule. Ich verstehe ja, dass du Schwierigkeiten mit deinen Mitschülern hast und deswegen nicht hingehen willst. Aber das ist keine Lösung.«

»Woher weißt du das?«, fragte Tara.

»Das spielt keine Rolle, ich weiß es eben. Diese Britta hat dir übel mitgespielt. Aber ist das ein Grund, die Flinte ins Korn zu werfen?«

»Britta fällt sowieso durch«, sagte Tara. »Spätestens in der Elften.«

»Und du auch, wenn du dich nicht anstrengst«, versetzte ihre Mutter. »Du fühlst dich doch gut. Warum besuchst du dann nicht wenigstens die wichtigsten Fächer?«

»Ach, ich weiß nicht«, sagte Tara. »Lass mich erst mal zu Hause ankommen.«

»Du hast noch einen Monat bis zum Ende des Schuljahrs. Vielleicht kannst du ja die Klausuren auslassen. Geh wenigstens in den Unterricht.«

»Ich überleg's mir, Mutter.« Tara hatte schon selbst mit diesem Gedanken gespielt. Weitere Wochen allein im Schuppen zu verbringen, übte auf sie momentan keinen großen Reiz aus. Sie fühlte sich gefestigt, vor allem durch den letzten Abend in Edinburgh, von dem sie ihren Eltern natürlich niemals erzählen würde.

»Wenn wir das alles hinter uns haben, fahren wir nach China«, schaltete sich Bert ein. »Wir machen eine Rundreise, mit allem Komfort. Was hältst du davon?«

»Dein Vater meint, dich verwöhnen zu müssen. Er will dir eine Belohnung in Aussicht stellen. Aber da bin ich anderer Meinung. Wenn der zweite Test auch positiv sein sollte, müssen wir kühlen Kopf bewahren und überlegen, wie ...«

»Mal doch den Teufel nicht an die Wand!«, fuhr Bert seine Frau an.

»Tara ist kein unschuldiges Opfer«, erwiderte Ulla mit fester Stimme. »Auch wenn du das gern so sehen würdest. Sie ist kein kleines Kind mehr.«

»Danke für die Belehrung.«

»Tara hat Mist gebaut«, beharrte Ulla. »Da hilft kein Schönreden.«

»Setz sie nur auf die Anklagebank!«, schnaubte Bert. »Was willst du damit bezwecken?«

»Es geht um Schadensbegrenzung. Um eine realistische Perspektive. Es gibt ein Leben nach dem Test, ob sie sich nun infiziert hat oder nicht.«

»Das hat sie nicht!«

»Soll sich das Mädchen in die eigene Tasche lügen?«

»Wie selbstgerecht! Müssen wir uns das weiter anhören, Tara?« Bert sprang auf und ging zu Taras Stuhl. »Komm mit, die Diskussion ist beendet.«

»Für mich auf jeden Fall«, sagte Tara. Sie gähnte und erhob sich. »Ich bin müde, der Rückflug hat sich ziemlich hingezogen.« Sie nickte Ulla zu. »Hab schon kapiert, was du mir sagen willst, Mutter. Ich schlaf drüber. Morgen beginnt ein neuer Tag.«

Dann wandte sie sich ihrem Vater zu. »Aber du, Paps, hast auch Mist gebaut, und zwar jede Menge. Ich glaub, das ist dir noch gar nicht so richtig klar.«

Mit diesen Worten ging sie in ihr Zimmer.

21

Tara löschte das Licht und zog sich im Dunkeln aus. Dann öffnete sie ein Fenster, schlug die Decke zurück und legte sich hin. Sie hatte erwartet, dass sie ein vertrautes Gefühl überkommen würde nach den Wochen im Schuppen und den wechselnden Unterkünften in Schottland. Der Bezug und das Laken rochen nach dem Weichspüler, den Ulla seit einer halben Ewigkeit benutzte. Die Umrisse der Möbel waren zu erkennen, sie befanden sich an den gewohnten Plätzen. Auf dem Nachttisch stand eine Flasche Mineralwasser. Die musste ihr Vater dort hingestellt haben in der Hoffnung, dass sie ins Haus zurückkam. Wie lange sie wohl schon da stand?

Das Bett kam ihr zu breit vor, die Pfosten an den Ecken störten. Und die Dachschräge über ihrem Kopf, wo früher der Gebetsteppich aus Sumatra gehangen hatte, wirkte beklemmend. Wenn sie ihren Arm ausstreckte, konnte sie die hölzerne Wandtäfelung berühren.

Sie führte Selbstgespräche, um einzuschlafen. Seit sie Frans in der Pacific Lounge abgewiesen hatte, zerbrach sie sich wieder den Kopf über die Party. Was hier in diesem Zimmer geschehen war, nach ihrem Filmriss, auf dieser Matratze, wie sie annahm, mit diesem andern Jungen, von dem Nikola gesprochen hatte. Die »hätte«, »wenn« und »aber« kehrten zurück.

Hätte sie es nach Claas nicht gut sein lassen können? Wenn er sie tatsächlich angesteckt und wenn der andere Junge ein oder zwei Stunden später mit ihr geschlafen hatte, konnte sie das Virus dann gleich weitergegeben haben? Es war nicht völlig auszuschließen, erschien ihr aber unwahrscheinlich. Hätte sich dafür das Virus nicht erst bei ihr ... einnisten müssen?

Sie schauderte bei der Vorstellung und zog die Beine an. Als trüge sie einen Fremdkörper in sich, wie in einem Horrorfilm mit Außerirdischen, die sich Menschen als Brutstätten suchten. Aber einen Fremdkörper konnte man lokalisieren und unter Umständen operativ entfernen. Bei Viren war das nicht möglich. Sie verteilten sich in der ganzen Blutbahn. Und sie vermehrten sich. Falls Tara infiziert worden war, strömten schon jede Menge davon durch ihren Kreislauf.

Ob der andere Junge wusste, dass Tara HIV-gefährdet war? Wenn er eine andere Schule besuchte oder schon abgegangen war, wusste er es vermutlich nicht. Ich nehme mich viel zu wichtig, überlegte sie. Vielleicht hat er keinen blassen Schimmer, wer ich überhaupt bin.

Wie spät mochte es gewesen sein? Ein oder schon zwei Uhr? Er hatte sie irgendwo im Garten getroffen, stellte sie sich vor, oder im Wohnzimmer, egal. Schnell merkte er, wie betrunken sie war. Auf gut Glück küsste er sie, viel konnte er dabei nicht verlieren, im fortgeschrittenen Stadium einer Party machte man keine großen Umstände. Oder sie hatte sich ihm gleich an den Hals geworfen, angetörnt durch das Erlebnis mit Claas. Zwei in einer Nacht – kein schlechter Schnitt, hatte Britta gesagt. Auf der Suche nach einem freien Zimmer waren sie nach oben gegangen und hatten Sex miteinander gehabt. Ob er dabei auf seine Kosten gekommen war? Danach war sie liegen geblieben und er gegangen, ganz einfach, so lief das doch ab, oder? Gut möglich, dass er nicht mal ihren Namen kannte.

Wie sie es wohl gemacht hatten? Tara besaß wenig Erfahrung, wie man sich am Morgen danach fühlte. Zumindest hatte sie nirgendwo Schmerzen verspürt außer im Kopf. Doch das hatte nichts zu bedeuten. Sie konnten es auf jede erdenkliche Weise getan haben. Sollte sie sich deshalb schmutzig oder verdorben fühlen? Wie auch immer: Der andere Junge konnte in Kontakt mit der Stelle gekommen sein, an der die Infektion passiert war. Reichte das für eine Übertragung? Und war sie überhaupt infiziert? Es half nichts, immer wieder kehrte Tara zum Ausgangspunkt zurück, sie drehte sich im Kreis.

Trotz des geöffneten Fensters wurde es nicht kühler im Zimmer. Tara setzte sich auf und blickte nach draußen. Es war windstill, in der Krone der großen Eiche rührte sich kein einziges Blatt. Sie wischte sich den Schweiß aus dem Nacken. Ihr Haar war etwas gewachsen, aber noch angenehm kurz.

Wär schön, wenn die getigerte Katze jetzt vorbeikäme, überlegte sie. Aber das Tier ließ sich nicht blicken. Wahrscheinlich weiß sie nicht, dass ich wieder hier bin, dachte Tara, und wenn, sucht sie mich im Schuppen. Vielleicht reagierte die Katze auf einen bestimmten Pfiff. Dummerweise hatte Tara das noch nicht ausprobiert.

Also wälzte sie sich weiter von einer Seite auf die andere. Doch der Schlaf wollte ebenso wenig kommen wie die Katze. Aus der Stadt drangen Fangesänge herauf, die Bamberger Basketballer mussten die Meisterschaft geholt haben. Von einem Grundstück ganz in der Nähe waren Konga-Trommeln und johlende Stimmen zu hören. Als es hell wurde, hatte Tara jede Hoffnung aufgegeben, Ruhe zu finden. Sie wechselte zum dritten Mal ihr durchgeschwitztes T-Shirt und starrte auf die Wandtäfelung. Wo früher der Gebetsteppich gehangen hatte, befand sich ein heller Fleck. Das Holz war dort weniger nachgedunkelt.

Der neue Tag brach an. Sie ging noch nicht zur Schule, weil sie schrecklich übermüdet war und noch etwas Zeit brauchte, um Ordnung in ihre Sachen zu bringen. Sie beschloss, eine Weile weiter im Schuppen zu schlafen. Bis zum zweiten Test, nahm sie sich vor. Zum Duschen würde sie aber ins Haus gehen und auch sonst wieder am Familienleben teilnehmen. Doch nach der durchwachten Nacht in ihrem alten Zimmer waren ihr der Schuppen und ihr Schlafsack lieber.

Am Nachmittag rief sie Steffen an. Er sagte, er sei

ziemlich kaputt von der Meisterschaftsfeier. Sie erzählte ihm von der Schottlandreise und ihren Spaziergängen an der Küste, das hätte ihm sicher gefallen. Bestimmt, erwiderte er knapp. Sie sähen sich morgen.

22

Als Tara am Dienstag wieder in ihre Klasse kam, hatte sich einiges verändert. Britta machte zwar eine blöde Bemerkung, aber die andern betrachteten Tara nicht mehr wie eine Aussätzige. Am Tag zuvor war das Gesundheitsamt in der Schule gewesen, wie Tara von Mellie erfuhr. Das hatte wohl nachhaltigen Eindruck gemacht.

Nach dem Unterricht verabredeten sie sich am Baggersee. Tara ging nach Hause, um einen Happen zu essen und ihrer Mutter zu sagen, dass in der Schule alles glatt gelaufen war. Dann holte sie der Bruder von Dschingis mit seinem alten Renault ab. Sie sammelten Mellie, Janine und Steffen ein und fuhren zu einem See nordöstlich von Bamberg. Das sandige Ufer sah mit etwas Fantasie wie ein richtiger Strand aus. Sie entrollten ihre Isomatten, breiteten Handtücher drüber und hörten aus der Musikanlage des Kastenwagens das neue Album von Nelly Furtado. Es war ein Sommertag, wie er sein sollte, heiß und wolkenlos.

»Noch vier Wochen?«, fragte Mellie.

Tara nickte.

»Das würde mich wahnsinnig machen«, sagte Janine. »Ist das nicht zum Aus-der-Haut-Fahren?«

»Was soll ich tun?«, gab Tara zurück. »Ich kann's ja nicht ändern.«

»Aber einfach nur dasitzen und nichts machen können...« Mellie wiegte mitfühlend den Kopf. »Das ist ganz schön hart.«

»Genieß den Tag!«, sagte Janine. »Das ist das Beste, was du jetzt tun kannst.«

»Ich geb mir Mühe.« Tara lachte. Sie war erstaunt und erleichtert, wie selbstverständlich ihre Freunde sie als eine von ihnen behandelten. Keiner nahm es ihr krumm, dass sie sich so lange abgekapselt hatte.

Janine war unkompliziert und direkt wie immer. Mellie schien ihre Vorbehalte in puncto sexuelle Abenteuer überwunden zu haben. Steffen verhielt sich zuvorkommend und wirkte ein wenig besorgt, genauso wie Dschingis. Sein Bruder Karl war sonderbar. Er hatte sein Angelzeug von der Ladefläche des Renaults genommen, war damit zu einem Weiher gegangen, der in unmittelbarer Nachbarschaft des Badesees lag, und hatte seine Angel in weitem Bogen ausgeworfen. Jetzt saß er mit stoischer Ruhe am Ufer, beobachtete den Schwimmer und rauchte eine selbst gedrehte Zigarette nach der andern. Wer zum Teufel angelt denn heute noch, fragte sich Tara, abgesehen von Rentnern mit Hut? Steffen zeigte jedoch großes Interesse und leistete Karl hin und wieder für einige Minuten Gesellschaft.

»Da haben sich zwei gefunden«, sagte Dschingis.

»Fängt Karl auch mal was?«, fragte Mellie.

»Das werdet ihr schon sehen.«

Sie lagen auf einem Sandstreifen am Wasser. Unter der Woche war an den Stettfelder Baggerseen wenig los, sie waren die einzigen Badenden. Die Mädchen verzichteten nacheinander auf die Oberteile ihrer Bikinis, Tara machte den Anfang, ohne sich viel dabei zu denken. Janine und Mellie tauschten Blicke. Dann schlossen sie sich an. Dschingis pfiff nicht durch die Zähne, wie er es sonst bei solchen Gelegenheiten tat, um die Mädchen aufzuziehen. Steffen schwieg.

»Ist was?«, fragte Tara. »Seit wann geniert ihr euch so?«

Mellie erzählte die Oben-ohne-Geschichte aus dem Freibad. Wie Britta und Nikola so getan hatten, als müsse Tara sich seit der Party gehörig schämen und als habe sie das Recht verwirkt, Jungs anzumachen – auch wenn sich Mellie unter Anmache etwas anderes vorstellte, als die Brüste zu entblößen.

Tara schüttelte ungläubig den Kopf. »Was für ein Kinderkram. So etwas funktioniert auch nur im Freibad.« Sie blickte sich demonstrativ um. »Ich seh niemanden, den es auch nur im Entferntesten juckt, was wir hier tun.« Sie lachte. »Sogar Karl denkt nur an seine Fische.«

»Diese verquere Logik passt zu Britta«, sagte Janine abfällig. »Dadurch kommt sie sich toll vor, wahrscheinlich weil sie sonst nicht viel zu bieten hat.« Sie hob den Finger an die Schläfe.

»Aber dass Nikola da mitgemacht hat«, wunderte sich Mellie. »Das fand ich richtig schwach. Früher war sie in dieser Beziehung zurückhaltender.«

»Aber nur in dieser Beziehung«, sagte Tara und lehnte sich nach hinten. »Soll ich es ihr übel nehmen? Manchmal platzt der Knoten eben zu einem ungünstigen Zeitpunkt.«

Als sie lachte, wippten ihre Brüste. Es sah ordinär aus, obwohl Tara das sicher nicht beabsichtigt hatte – wie bei den Frauen, die im Spätprogramm für Telefonsex warben, fand Mellie. Die Jungs fixierten krampfhaft den Boden. Freizügigkeit war in diesem Sommer nicht mehr angesagt.

Mellie lag auf dem Bauch, Janine auf der Seite. Nur Tara saß aufrecht da, spreizte die Arme und stützte sich mit den Händen ab, als könnte ihr nichts in der Welt etwas anhaben, weder Blicke noch boshafte Bemerkungen. Das war mutig, dachte Mellie, und ein bisschen anmaßend. Vielleicht war doch etwas dran an Brittas Sprüchen. Mellie sah zu Steffen rüber. Er hielt sich leicht abseits und kratzte mit einem Stöckchen im Sand. Es musste für ihn schwer zu ertragen sein, Tara halb nackt zu sehen, nachdem sie mit ihm Schluss gemacht hatte. Besonders sensibel verhielt sich seine Ex jedenfalls nicht.

Plötzlich hob Steffen den Kopf. »Und wie war das bei dir, Tara? Wann ist bei dir der Knoten geplatzt?«

»Wie meinst du das?«, fragte Tara.

»Na ja«, er zögerte und suchte nach einer gemäßigten Formulierung, fand aber keine. »Wann hast du dir gedacht: Jetzt ist mir alles egal, ich nehm jeden, den ich kriegen kann?«

Die andern hielten den Atem an.

»Sprichst du von der Party?«, fragte Tara.

»Das mit Claas könnte ich ja noch verstehen«, fuhr Steffen fort. Jetzt, wo er sich entschlossen hatte zu reden, nannte er die Dinge auch beim Namen. »So etwas passiert schon mal, für die Folgen kannst du ja nichts.«

»Und?« Ihr Argwohn nahm zu.

»Da gab es doch noch einen andern Jungen. Mit dem du auf deinem Zimmer warst.« Eine Woche vor der Party war noch Steffen dieser Junge gewesen. Dass er besondere Erinnerungen mit diesem Raum verband, machte es nicht einfacher.

»Was hat sie dir gesagt?«, fragte Tara.

»Wer?«

»Nikola. Hat sie irgendwas verbreitet, was sie mir verschwiegen hat?« Sie schluckte schwer. »Ihr wisst doch, dass ich mich nicht dran erinnern kann. Also: Könnt ihr mir etwas sagen, was ich nicht weiß?«

»Über den großen Unbekannten?«, entfuhr es Mellie.

»Dass da noch irgendwas gelaufen ist«, sagte Janine und stieß Mellie an. »Du warst mit jemandem allein bei dir oben, ziemlich lange, wenn es stimmt, was Nikola behauptet. Mehr wissen wir auch nicht, oder?« Sie schaute in die Runde.

»Es kann keiner aus unserer Schule gewesen sein«, schaltete sich Dschingis ein, dem Taras Verzweiflung nicht entgangen war. »Nikola ist ja ziemlich mitteilsam.«

»Sie hat sogar in der Oberstufe herumgefragt«, sagte

Janine. »Ohne Erfolg, sonst hätte sie es bestimmt hinausposaunt.«

»Die tappt also selber im Dunkeln«, stellte Tara fest.

»Bei der Party hat sie andauernd Drinks gemixt«, sagte Mellie. »Es würde mich nicht wundern, wenn sie einen Caipi zu viel erwischt hat.«

»Oder eine ganze Kanne«, setzte Janine hinzu.

»Lenkt nicht vom Thema ab!« Steffen verlor allmählich die Fassung. Seltsamerweise schien erst die Nacht mit Nikola zu bewirken, dass ihm der Kragen platzte. Er fragte sich kurz, ob das unfair war. Nein, schließlich war Tara als Erste untreu geworden. Und sie hatte ihn abserviert, er war ihr zu nichts mehr verpflichtet. »Kann man so betrunken sein, dass man es mit zwei fremden Kerlen hintereinander treibt?«

Alle wandten sich Tara zu. Sie erwarteten, dass sie aufsprang und davonlief wie damals im Biergarten. Nichts dergleichen geschah.

Sie zog die Knie an und umfasste sie mit den Händen. Der Baggersee war tiefer, als er aussah. Am liebsten würde ich ins Wasser gleiten und langsam untergehen, überlegte sie. Die Sonne sollte verlöschen, die Hitze einer immer weiter zunehmenden Kälte weichen, bis zum Grund, wo Karls Fische ihre verborgenen Kreise zogen.

»Ja«, sagte sie schließlich. »So betrunken kann man sein. Oder so bescheuert. So unvorsichtig. So ... aufgewühlt. Das alles kann sein, Steffen.«

»Na toll, das soll wohl heißen, alles ist möglich!«

»Leider. Und ich habe keine Entschuldigung. Ich weiß nicht mal, wie der Junge aussah. Ich weiß ...«, sie stutzte, schlang ihr Handtuch um den Körper und blickte in den strahlend blauen Himmel. »Ich weiß gar nichts.«

Später bliesen Janine und Mellie zwei Luftmatratzen auf und paddelten auf den See hinaus. Dschingis und Steffen schwammen hinterher und versuchten, die beiden Mädchen runterzuschubsen. Sie hatten Spaß und dachten nicht mehr an die unangenehme Unterhaltung.

Karl fing eine Schleie, das war besser als nichts. Er ließ sie am Leben und legte sie in einen Eimer mit Wasser. Die andern wollten ein Feuer machen, um den Fisch gleich zu grillen. Karl erklärte, dass die Schleie einige Tage im klaren Wasser bleiben musste, damit sie nicht nach Schlamm schmeckte.

Tara blieb die ganze Zeit über am Ufer sitzen. Sie hatte den Tag genießen wollen. Es war ihr nicht gelungen.

23

»Das stand heute in der Zeitung.« Tante Ros legte einen Artikel auf den Tisch, den sie beim Frühstück ausgeschnitten hatte. Er zeigte ein Bild von der Skyline Manhattans bei Nacht. An der Fassade des UN-Hauptquartiers leuchtete die rote Schleife, die für den Kampf gegen AIDS stand. Ein Kampf, den man in den reichen Ländern der Welt bereits gewonnen glaubte.

Tara war direkt nach der Schule zu Besuch gekommen. Zuerst hatten sich die beiden eine Weile über Schottland unterhalten und vor allem den letzten Abend in der Pacific Lounge Revue passieren lassen. Tara war aufgefallen, dass Tante Ros sich auffällig häufig aus ihrer Rotweinflasche bediente.

»In New York haben sie ein extrem aggressives AIDS-Virus entdeckt.« Sie setzte ihre Lesebrille auf und zitierte. »›Der bislang selten diagnostizierte Stamm von HI-Viren ist gegen fast alle Medikamente resistent. Er führt in nur acht Wochen zur vollen Ausbildung der tödlichen Immunschwächekrankheit.‹« Tante Ros reichte Tara den Zeitungsartikel.

»Das Virus wurde bei einem Mittvierziger gefunden«, las Tara und überflog den Text. »Da ist von Bare-back-Partys die Rede, Nackter-Hintern-Partys, eine Art Sexmarathon für Homosexuelle. In New York.« Sie winkte ab. »Das ist weit weg.«

»Meinst du, solche Partys finden in Deutschland nicht statt? Von New York nach Berlin gibt es eine Flugverbindung.« Das Lachen von Tante Ros klang hohl.

»Meinst du, dass es bis nach Bamberg kommt?«

»*Es* kommt nicht nach Bamberg, aber die Leute, die sich damit infiziert haben, können hierher kommen. Oder Leute von hier fahren in Städte, wo sie es sich holen können. In der Provinz leben wir doch nicht auf einer Insel der Glückseligen.«

Tara wurde stutzig. »Was hast du mit diesem Holländer eigentlich gemacht?«

»Mit Ivo«, präzisierte Tante Ros. »Nichts, was dich interessieren sollte.«

»Komm schon, Tante Ros, mir kannst du es doch sagen.«

»Diese jungen Mistkerle haben etwas an sich, was einen verrückt macht. Diese glatte Haut, der weiche Mund. Die Art, wie sie sich ohne irgendwelche Höflichkeiten durchs Leben rempeln. Immer studieren sie irgendwas, was dich selbst interessiert hätte, wenn das Geld und die Zeit da gewesen wären. Besonders rücksichtsvoll sind sie nicht.« Tante Ros hob abwehrend die Hände. »Das ist schwer zu erklären.«

Tara ließ es auf sich beruhen und las weiter. »Dauernd entstehen neue Varianten des Virus. Wenn sie resistent gegen Therapien werden, verlieren sie meistens an Aggressivität. Aber es ist durchaus möglich, dass eine

Variante gleichzeitig resistent und aggressiv ist. Ein Supervirus. Die New Yorker Gesundheitsbehörde fordert Ärzte auf, alle neu diagnostizierten HIV-Fälle auf den gefährlichen Virenstamm zu untersuchen.« Sie überlegte. »Bestimmt machen sie das bei meinem zweiten Test, Tante Ros. Mach dir keine Sorgen.«

»Ich soll mir keine Sorgen machen?« Sie zündete sich eine neue Zigarette an. »Du brauchst noch lange, um erwachsen zu werden.«

»Zerbrich dir nicht wegen Ivo den Kopf. Dieser Zeitungsartikel macht dich noch ganz verrückt.«

»Ich bin alt, reif für die Kiste. Geschieht mir recht, wenn ich mir irgendwas geholt habe.« Tante Ros versuchte, tapfer zu grinsen.

»Hast du –«

»Es ist wegen dir.« Ihr Lächeln erstarb. »Ich mag gar nicht dran denken, was in deinem Körper gerade vor sich geht.« Tante Ros war den Tränen nahe. »Tut mir Leid, ich möchte dir keine Angst einjagen.«

»Der Bestätigungstest in ein paar Wochen wird alles nachweisen, was sich ... entwickelt haben könnte.«

»Und dann?«

»Sehen wir weiter.«

Tante Ros schloss Tara in die Arme. Sie klammerte sich an dem Mädchen fest. »Ich kann dir nicht helfen, mein Liebling. Du hast dir die Falsche ausgesucht.«

24

Als Tara mit dem Rad nach Hause fuhr, war sie nicht mehr in der Lage, gerecht zu sein. Sie verwünschte Claas, der mindestens einen Risikokontakt gehabt und danach keinen HIV-Test gemacht hatte. Sie verwünschte ihn, weil er unter Alkoholeinfluss gefahren war und sich dadurch selber ums Leben gebracht hatte. Sie verwünschte ihre so genannten Freunde, die bei allem Verständnis für die drohende HIV-Infektion Gefallen daran fanden, Taras Verfehlungen aufzulisten. Vor allem verwünschte sie diesen Typen, der die Gelegenheit auf der Party eiskalt ausgenutzt hatte. Darauf schien alles hinzudeuten. Hatte sie sich eigentlich gewehrt? War es am Ende sogar eine Vergewaltigung gewesen? Vage Bilder gingen ihr durch den Kopf, rohe Hände, die sie auf die Matratze pressten, ein Augenpaar, das sie regungslos anstarrte. Was mochte er mit ihr angestellt haben?

Vermutlich hatte sie sich ihm auf dem Silbertablett präsentiert, wie ein Sonderangebot, an dem man nicht vorübergehen konnte. Eine ganze Reihe von Gesichtern sah sie vorüberhuschen, eines hässlicher als das andere. Wenn sich dieser Kerl dabei AIDS geholt hatte, geschah ihm das nur recht. Sollte er doch dran verfaulen! Einen Test würde er so schnell bestimmt nicht machen, er konnte ja nicht wissen, dass sie zuvor mit Claas geschlafen hatte.

Jahre konnten vergehen, bis er etwas merkte. Bei der ersten Grippe würde er sich noch nicht wundern. Bei einer Lungenentzündung konnte sich das schon ändern. Wenn er sich dann allmählich Gedanken über sein Immunsystem machte, hatte er bereits wichtige Therapiemöglichkeiten verschenkt. Die Lust, einen andern mit in den Abgrund zu reißen, verschaffte Tara eine düstere Befriedigung. Das Bewusstsein, dass sie die bevorstehende Behandlung möglicherweise mit jemandem »teilen würde«. All die Nebenwirkungen: dauernde Übelkeit, unkontrolliertes Erbrechen, Durchfall bis zum Abwinken. Das alles, schien ihr, war einfacher zu ertragen, wenn der andere sich auch angesteckt hatte. Warum sollte sie das einzige Opfer sein?

In dieser Stimmung traf sie sich mit Nikola. Seit Tagen schob Tara ein klärendes Gespräch mit ihr auf. Aber je mehr sie sich in ihre Bitterkeit hineinsteigerte, desto stärker ahnte sie, dass sie dadurch keinen Schritt weiterkam.

Nikola saß in einem Café in der Nähe der Universität. Durch die vielen ausländischen Studenten wirkte die Atmosphäre geradezu international, ein Eindruck, auf den Tara derzeit verzichten konnte.

Nikola trug ein Top mit Spagettiträgern, das ihre Reize gut zur Geltung brachte. Die ungeschlachte Art von früher schien sie völlig abgelegt zu haben. Ihre Bewegungen waren genau bemessen und auf Wirkung aus.

Sie schäkerte mit dem Kellner, es war Anselmo, wie Tara registrierte.

»Eine Latte Macchiato«, sagte Tara. Anselmo nickte und entfernte sich, als sei er einem Gespenst begegnet. Der wusste es also auch schon. Bestimmt wusste es das ganze Café. Sie setzte eine Sonnenbrille auf, die sie kürzlich gekauft hatte.

»Wahrscheinlich kennst du den neuesten Stand«, begann Tara.

»Wie bitte?«, fragte Nikola.

»Ich warte auf den zweiten Test.«

»HIV?«

»Ja.«

»Davon hab ich gehört.«

»Ich kann nicht mehr mit dieser Ungewissheit leben.« Tara schüttelte den Kopf.

»Muss schrecklich sein.«

»Ist es.«

Sie schwiegen. Anselmo stellte die Latte Macchiato auf den Bistrotisch und verschwand.

»Wie steht's bei dir?«, fragte Tara.

»Alles bestens«, erwiderte Nikola und nahm eine bequemere Position ein. Kurz nach dem Aufstehen hatte sie wieder ihre Periode bekommen, die einige Tage ausgeblieben war. Noch nie hatte sie ihre Blutung so sehr begrüßt. Die letzten beiden Wochen waren die Hölle gewesen.

»Ich will nicht lange herumreden«, sagte Tara. »Es ist mir zwar nicht klar, warum wir keine Freundinnen mehr sind, aber derzeit geht alles drunter und drüber. Ich will es gar nicht ergründen.«

Darauf hatte Nikola auch keine Lust. Sie nickte.

»Ich möchte wissen, wer dieser Junge war, mit dem ich angeblich in meinem Zimmer geschlafen hab. Was weißt du darüber?«

»Nicht mehr als du.« Nikola zuckte mit den Schultern.

»Hör mal, Nikola. Sag es lieber gleich, wenn es ein Bluff war.«

»Ein Bluff? Bist du noch ganz bei Trost?«

»Vielleicht wolltest du mir nur eins auswischen, warum auch immer.«

»Ich bin keine Lügnerin!«

»Also gut. Was ist passiert?«

Nikola drehte sich weg. Tara hatte ihr gar nichts zu befehlen.

»Ich bitte dich, Nikola! Ich muss es wissen! Es geht um die Ansteckungsgefahr. Wir müssen den Jungen informieren.«

»Wir?«, fragte Nikola.

»Ich, wenn dir das lieber ist.« Tara versuchte, sich nicht dauernd über ihre Haare zu fahren, die sie wieder auf wenige Millimeter gekürzt hatte. »Wer war es?«

Nikolas Selbstbewusstsein war gewachsen, auch wenn die Nacht mit Steffen inzwischen dran nagte, vor allem jetzt, während sie mit Tara sprach. »Erinnerst du dich an den Jungen an meiner Caipi-Bar?«

Tara überlegte. »Der *Tiger and Dragon* nicht mochte?«

»Genau. Er hat eine grünblaue Jacke getragen.«

»Und was noch?«

»Das ist alles«, sagte Nikola.

»Wie ... alles?«

»Mehr weiß ich nicht über ihn«, verteidigte sich Nikola. »Er hat dich auf der Couch im Wohnzimmer aufgegabelt, als ich ihm einen neuen Drink bringen wollte. Dann seid ihr hoch in dein Zimmer.«

Tara dachte nach. »Hast du dir bei dem nicht selber Chancen ausgerechnet?«

»Mehr oder weniger«, gab Nikola zu. »Aber was soll's – du hast ihn abgekriegt.«

»Wie sah er aus?« Tara konnte sich beim besten Willen nicht an das Gesicht des Jungen erinnern.

»Weißt du das denn nicht mehr?«

»Nein, verdammt! Ich hab ihn ja nur kurz gesehen. Und gleich wieder vergessen.«

Nikola stieß die Luft aus und überlegte. »Dunkle, lange Haare.«

»Wie lang?«

»Dass es gerade für einen kleinen Pferdeschwanz reichte. Er hatte schöne braune Augen, so ähnlich wie Anselmo.« Nikola wies auf den Kellner. »Aber er war größer, ungefähr einen Kopf. Und er war sicher kein Italiener, seine Haut wirkte ziemlich blass.«

»Und weiter?«

»Das war's.«

»Fällt dir wirklich nichts mehr ein?«

»Nein.«

»Hatte er einen Ohrring oder ein Piercing? Ein Tattoo? Irgendein besonderes Kennzeichen?«

»Na ja...«, begann Nikola. »Er trug so eine große Gürtelschnalle. Mit Stierhörnern.«

»Eine Gürtelschnalle?« Tara klammerte sich an diesen Hinweis. »Wie kommst du denn darauf?«

»So etwas fällt einem doch auf.«

»Wenn man genau hinschaut.«

»Ja«, stimmte Nikola zu.

»Oder wenn man sich an der Schnalle zu schaffen macht.«

»Jetzt hör aber auf!«

»Okay, ich nehm's zurück.« Tara senkte ihre Stimme. »Vielleicht hat man sich ja nur vorgestellt, wie es wäre, wenn sich diese Schnalle... öffnet?«, sagte sie verschwörerisch und lächelte. »Wie von Zauberhand.«

»Warum sollte man?«, entgegnete Nikola im selben Tonfall. Früher hatten sie solche Gedanken in aller Ausführlichkeit durchgespielt und durch das unpersönliche »man« so getan, als verfügten sie bereits über eine ganze Bandbreite einschlägiger Erfahrungen. Angenommen... so hatten ihre Spekulationen immer begonnen.

»Weil man zufällig neben ihm sitzt? Und Lust drauf bekommt?«, fragte Tara.

»Worauf?«

»Ihn zu verführen.«

»Komisches Wort«, wunderte sich Nikola. Aber es klang besser als »rumkriegen«, ernster und geheimnisvoller, auch wenn es mit der Realität, die sie kannte, wenig gemein hatte.

»Trifft es nicht genau das, was einem davor durch den Kopf geht?«, fragte Tara.

Nikola setzte sich auf. »Kannst du eigentlich alle meine Gedanken lesen?«

»Ja. Wir kennen uns doch schon so lange.«

25

Am nächsten Tag gab Tara eine Anzeige auf. Nicht in den Stadtmagazinen, die den Text erst im August abdrucken würden, sondern im »Fränkischen Tag«, der Bamberger Zeitung, die von vielen Menschen gelesen wurde. Tara hatte lange an dem Text gefeilt: »Habe dich auf der Party von Tara Gregori in der Sankt-Getreu-Straße getroffen. Du hast eine grünblaue Jacke und einen Gürtel mit Stierhörnern getragen. Muss dir was Wichtiges sagen. Ein Notfall!« Dann folgte eine Chiffrenummer.

Eine Woche verging, doch niemand meldete sich. Wahrscheinlich liest er keine Zeitung, mutmaßte Tara. Eine Anzeige war viel zu unsicher. Damit erreichte sie ihn nicht.

Sie sprach mit ihren Eltern. Ulla setzte sich an den Wohnzimmertisch und begann, eine Liste zu machen. Zusammen mit Bert, der im Juli schon am späten Nachmittag nach Hause zu kommen versuchte, hatten sie eine Menge brauchbarer Ideen.

Einige davon setzten voraus, dass Tara nicht länger in ihrem Schuppen blieb. Sie müsse ihre selbst gewählte Quarantäne durchbrechen und die Initiative ergreifen, sagte Bert. Sonst würde sie diesen Jungen nie finden.

Tara ging in andere Schulen und fragte sich auf den Pausenhöfen durch. Sie besuchte ein Rockkonzert in einem Musikclub in der Sandstraße. Sie ging in die Freibäder, in Sportvereine und ins Jugendabo des Stadttheaters, das gerade den »Sommernachtstraum« von Shakespeare in einer Freiluftaufführung gab. Sie trieb sich viel in der Innenstadt rum. Sie unternahm Kneipentouren bis zum Umfallen, blieb dabei aber stets nüchtern.

Dass der Junge bei der Dauerhitze noch seine grünblaue Jacke trug, war unwahrscheinlich. In Bezug auf die Gürtelschnalle rechnete sich Tara bessere Chancen aus. Zweimal wähnte sie sich kurz vor dem Ziel. Der erste Kandidat mit Stierhörnern vor dem Bauch entpuppte sich allerdings als ein betrunkener amerikanischer GI aus Utah. Um ihn wieder loszuwerden, nannte ihm Tara in ihrem besten Englisch die häufigsten AIDS-Symptome. Dazu gehörten Lungenentzündungen, Hautkrankheiten, Durchfallerkrankungen, Gehirnhautentzündungen und bestimmte Formen von Tumoren wie das Kaposi-Sarkom. Der GI wich entsetzt zurück und torkelte davon.

Der zweite Mann, dessen Gürtelschnalle Tara schon bemerkte, bevor sie sein Gesicht musterte, war ein Tourist aus Japan. Er besaß eine Vorliebe für Western-Filme, was Tara sich eine geschlagene halbe Stunde anhörte, ehe es ihr gelang, ihm ins Wort zu fallen und sich freundlich zu verabschieden.

Nur eines lernte sie aus diesen Begebenheiten: Eine Gürtelschnalle mit Stierhörnern war extrem selten.

Ihre Eltern und Tante Ros verteilten Flugblätter, hörten sich in ihrem Bekanntenkreis um und überall dort, wo sie gelegentlich hinkamen, in der Autowerkstatt, auf dem Wochenmarkt, in der Volkshochschule. Janine, Mellie und Dschingis hängten Zettel aus und machten aus dem Ganzen eine Art Quiz. Wenn sich der Gesuchte melden würde, winkten ihm eine DVD-Sammlung (von Dschingis), ein Profi-Volleyball (von Janine) und ein Vintage-Daypack (ein alter Rucksack von Mellie).

Tara begegnete überraschend vielen Menschen, die von ihrer möglichen HIV-Infektion wussten. Sie erlebte wüste Beschimpfungen, solidarische Umarmungen und kalte Abneigung. Wenn es ihr angebracht schien, verteidigte sie sich und versuchte, auch Claas in einem guten Licht darzustellen. Wenn sie es als aussichtslos ansah, schwieg sie. Es war nicht ihre Aufgabe, die Menschen aufzuklären oder zu mehr Toleranz zu bekehren. Das mussten sie schon selber hinkriegen. Diskriminierung war ein Reflex, der einer Vielzahl von Defiziten entsprang, zum Beispiel Unwissenheit und dem Unwillen, etwas daran zu ändern. Oder dem Gefühl, in die Enge getrieben zu werden. Das hatte sie an sich selbst gemerkt, als sie Claas und den Unbekannten für ihre Situation verantwortlich machte.

Eines Tages bekam sie einen Hinweis von unerwarteter Seite. Tante Ros hatte mit Pfarrer Löns gesprochen. Und der hatte vor einigen Wochen bei einer Taufe einen jungen Mann beobachtet. Während der Messdiener einen Eimer Wasser aus dem Brunnen der Domkrypta nach oben beförderte – eine umständliche, aber hübsche Zeremonie –, hatte der Pfarrer den Blick über die Teilnehmer der Feierlichkeit schweifen lassen. Und da er einen spanischen Brandy kannte, der mit einem ähnlichen Symbol beworben wurde, war ihm die Gürtelschnalle des Jungen in Erinnerung geblieben. Er rief die Eltern des Täuflings an, legte ihnen die Dringlichkeit der Angelegenheit dar und ging mit ihnen die Liste der geladenen Gäste durch. Es kamen mehrere junge Männer infrage, die Pfarrer Löns nicht kannte, weil sie zu einer anderen Gemeinde gehörten. Er erhielt die Telefonnummern und Adressen und gab sie an Tara weiter.

»Wie kann ich Ihnen danken?«, fragte sie.

»Das brauchst du nicht«, erwiderte der Pfarrer. »Aber du siehst: In der Kirche trifft man die interessantesten Leute, mit Hörnern und ohne.«

»Haben Sie noch mehr kluge Sprüche auf Lager?«

»Jede Menge. Die denke ich mir extra für dich aus.«

26

Taras Zorn auf den Jungen war verflogen. Sie wollte ihn nur noch finden und ihm sagen, was er wissen musste. Das war gar nicht so einfach. Einen ganzen Nachmittag saß sie vor dem Telefon und überlegte, wie sie es am besten anfangen sollte.

Hallo, hier spricht Tara Gregori. Besitzt du eine Gürtelschnalle mit Stierhörnern? – Ja? – Dann warst du sicher auf meiner Party. Ich hab vielleicht HIV. Stimmt es, dass wir miteinander geschlafen haben? – Wer ich bin? Die mit dem indonesischen Gebetsteppich überm Bett.

So ging das nicht. Auch wenn Tara weniger direkt vorging, konnte er immer noch alles abstreiten oder sie anlügen. Was sagte man nicht alles am Telefon, um lästige Anrufer loszuwerden? Vielleicht hielt er sie für verrückt. Vielleicht legte er auch einfach auf.

Oder sie legte auf. Tara beschloss, schrittweise vorzugehen. Zuerst musste sie die Sache mit dem Gürtel klären. Zumindest dafür war das Telefon zu gebrauchen.

»*Was* soll ich haben?«, fragte der Erste. Die Stimme klang grob. »Mit Stierhörnern? Sind Sie bekloppt?«

Tara drückte die Taste mit dem roten Hörer und hakte den Namen ab. Sie wählte die nächste Nummer.

»Warum wollen Sie das wissen?«, erkundigte sich eine Stimme in einer Mischung aus Misstrauen und Belustigung.

»Ich führe eine Umfrage durch«, entgegnete Tara. Auf die Schnelle fiel ihr nichts Besseres ein.

»Wer um alles in der Welt will wissen, was für Gürtelschnallen die Leute tragen?«

»Äh ... Levis, Diesel, Mustang.« Tara zählte noch weitere Jeansfirmen auf. »Wir suchen nach neuen Trends.«

Der Junge diskutierte noch ein wenig herum, bis er zugab, überhaupt keinen Gürtel zu besitzen. Ob *das* nicht im Trend liege?

Dann hatte Tara endlich Glück.

»Ja, ich hab so ein Ding. Wie kommen Sie darauf?«

»Sie heißen Alexander Krüger?«, las Tara von ihrer Liste ab.

»Sascha ist mir lieber.«

Sie legte auf.

Er hatte überrascht geklungen. Was auch sonst? Überrascht und ungehalten. Über die merkwürdige Störung, nahm Tara an. Sie machte die Adresse im Stadtplan ausfindig. Zollnerstraße. Das lag jenseits des Bahnhofs. In dieser Gegend kannte sie sich nicht besonders gut aus.

Aufgeregt rief sie Nikola an. Ihre alte Freundin hatte sich bisher nur halbherzig an der Suche nach dem Jungen beteiligt.

»Kann sein, dass ich ihn gefunden hab. Ich fahre jetzt zu ihm, um zu erfahren, was auf der Party passiert ist.«

»Viel Glück.«

»Würdest du mitkommen?«, fragte Tara.

»Warum das denn?«

»Ich bin mir nicht sicher, ob er es wirklich ist. Du bist die Einzige, die weiß, wie er aussieht. Ich brauch dich, Nikola.«

»Was hast du vor?«

»Gerade hab ich noch mit ihm telefoniert. Das heißt, er ist zu Hause. Wir fahren hin und warten vor dem Haus, bis er rauskommt. Dann sagst du mir, ob er es ist. Mehr verlang ich nicht.«

»Du traust dich nicht, ihn zu fragen, stimmt's?«

»Ich will nicht an den Falschen geraten, es ist auch so schon schwierig genug. Hilf mir bitte, dies eine Mal.«

Nikolas Neugier erwachte. Sie war gespannt, was passieren würde, wenn Tara den Jungen traf. Es konnte für jede Menge Gesprächsstoff gut sein. Außerdem ... »Also gut, ich bin dabei. Hol mich ab.«

Auf ihren Fahrrädern durchquerten sie die Stadt. Es war ein Samstag. Nach einem lang ersehnten Regenschauer am Morgen waren die Straßen nass. Nikola blieb ein Stück zurück, sie war nicht so gut trainiert wie Tara. Nach einer halben Stunde erreichten sie die Zollnerstraße und fuhren, bis sie die Hausnummer fanden. »Krüger« stand auf der Klingelleiste eines Wohnblocks. Neben dem Eingang waren zahlreiche Fahrräder und mehrere Motorroller abgestellt.

»Da wären wir«, sagte Tara. Auf der gegenüberliegenden Straßenseite befand sich eine Bäckerei mit einem

Stehcafé. Dort bezogen sie Stellung. Sie bestellten etwas zu trinken und beobachteten den Eingang des Wohnblocks durch die Schaufensterscheibe.

Schon nach ein paar Minuten öffnete sich die Tür. Ein junges Mädchen verließ das Haus und entfernte sich Richtung Bushaltestelle. Als Nächstes kam ein junger Mann raus. Er hatte blonde, kurze Haare. Tara schaute zu Nikola. Die schüttelte den Kopf. Dann hielt ein Postbote vor dem Eingang und steckte die täglichen Briefe in die Kästen.

»Was ist, wenn er schon weggegangen ist?«, fragte Nikola. »Dann können wir lange warten.«

»Wir lassen es drauf ankommen.«

»Und wenn er den ganzen Tag zu Hause bleibt?«

»Das wär Pech«, gab Tara zurück.

»Toller Plan. Hast du seine Telefonnummer?«

Tara holte einen Zettel hervor. Nikola gab die Nummer in ihr Handy ein. »Keine Angst, ich melde mich nicht«, beruhigte sie Tara und wartete, bis am andern Ende der Leitung jemand abhob. Mit einer raschen Bewegung unterbrach sie die Verbindung.

»Er ist zu Hause.«

»Hast du seine Stimme wiedererkannt?«, fragte Tara.

»Schwer zu sagen. Er hat ja nur seinen Namen gesagt.«

»Meinst du, er lebt allein?«

»Möglich«, sagte Nikola. »Da drüben scheinen jede Menge Studenten zu wohnen.«

»Wen sucht ihr denn?«, fragte die Verkäuferin, die

amüsiert verfolgte, wie die Mädchen Detektiv spielten. Anscheinend ging es um einen Jungen, in den eine der beiden verknallt war.

»Alexander Krüger«, sagte Tara. »Sascha.« Sie gab die kurze Beschreibung wieder, die sie von Nikola bekommen hatte.

»Den kenne ich. Der holt sich hier immer eine Quarktasche. Was wollt ihr von ihm?«

»Ich ... muss mich mit ihm unterhalten«, druckste Tara rum.

»Warum gehst du dann nicht rüber und klingelst?«, fragte die Verkäuferin. Insgeheim wunderte sie sich, dass Sascha sich mit so jungen Dingern abgab. Aber vielleicht wusste er gar nicht, von wem er da angehimmelt wurde.

»Wir warten lieber auf ihn«, sagte Tara.

»Wenn ihr meint, dass euch das weiterbringt.«

In diesem Moment stieg auf der gegenüberliegenden Seite ein Junge vom Rad, den Tara kannte. Steffen.

»Was macht der denn hier?«, wunderte sich Tara. Doch Nikola hatte die Bäckerei schon verlassen, winkte ihm zu und überquerte die Straße. Tara rannte ihr hinterher.

Steffen wusste nicht so recht, weshalb er hatte herkommen sollen. Nikola hatte ihn angerufen. Es ginge um diesen Jungen, den zweiten aus der besagten Nacht. Tara fürchte sich, ihm allein gegenüberzutreten.

Steffen begrüßte die beiden knapp. Nikola gegenüber verhielt er sich immer noch so abweisend wie am Tag nach dem Basketballsieg.

Inzwischen fand sie das überhaupt nicht mehr abgeklärt. Wie konnte er nur so scheinheilig tun? Vermutlich hing er immer noch an Tara und hatte wegen der Geschichte am Regnitz-Ufer ein schlechtes Gewissen. Aber er besaß ein Recht darauf, die Wahrheit zu erfahren, in allen widerlichen Einzelheiten. Bis zur Morgendämmerung war Sascha in Taras Zimmer geblieben. Nikola hatte wildes Stöhnen gehört, als sie ihr Ohr an die Tür hielt, einen spitzen Schrei und danach unterdrücktes Wimmern. Wenn sie Tara wäre, hätte sie das auch so schnell wie möglich verdrängt, verleugnet und im hintersten Winkel ihres Gehirns vergraben.

Nikola drückte den Klingelknopf.

27

»In einer Stunde muss ich spätestens los. Also fasst euch kurz.«

Sascha hatte die drei Jugendlichen auf seinem Bett Platz nehmen lassen. Er selbst saß in einem abgewetzten Ledersessel, den er beim letzten Sperrmüll aufgelesen hatte. Die Wohnung war winzig, kaum größer als ein Hotelzimmer. Es gab ein Spülbecken mit einem Hängeschrank darüber, das war die Küche. An der Wand stand ein Regal mit DVDs, Büchern und Wäschekisten. Durch eine geöffnete Glastür drangen die Geräusche der Straße herein. Vor der Türöffnung war ein hüfthohes Gitter angebracht. Der Geruch von Rasierschaum und muffiger Männerkleidung lag in der Luft.

Tara vermied es, Sascha in die Augen zu schauen. Nikolas Beschreibung stimmte. Jetzt, wo er vor ihr saß, konnte sie sich auch wieder erinnern, wie sie mit ihm über Filme geplaudert hatte. Im Grunde sah er ganz passabel aus, obwohl er beängstigend alt wirkte. Sie schätzte ihn auf neunzehn oder zwanzig. Er trug ein hellblaues Polohemd, Jeans und Turnschuhe und war ziemlich muskulös. Durch die Art, wie er aufrecht im Sessel saß, die Handgelenke locker auf den Knien abgestützt, wirkte er wie ein erwachsener Mann.

Sie sprach ihn auf die Party an. Sascha runzelte die Stirn und betrachtete sie eine Weile. »War das nicht oben am Michaelsberger Wald?«, sagte er schließlich.

»Ja, am 7. Mai.«

Er überlegte. »Stimmt, Karl hat mir gesagt, da steigt eine Fete. War ziemlich heftig, oder? Reihenweise Abstürze.«

»Kann man so sagen«, gab Tara zurück. »Meinst du mit Karl den Bruder von Dschingis?«

»Richtig, er hat was von seinem kleinen Bruder erwähnt. Karl ist selbst nicht hingegangen. Musste wieder mal zu seinen Fischen.« Sascha lachte. »Da hätte ich ihn lieber mal begleiten sollen. Ist eine lange Nacht geworden.«

»Kennst du einen von uns?«, fragte Tara und räusperte sich, um das Zittern in ihrer Stimme zu unterdrücken.

»Ich glaube, *dich* hab ich schon mal gesehen.« Er blickte zu Nikola. »Hast du nicht die Bar geschmissen?«

»Ja, hab ich«, sagte Nikola unwillig.

»Die Drinks waren gut.« Er warf ihr einen bedeutungsvollen Blick zu.

»Das hast du damals auch gesagt.« Nikola zeigte auf Tara. »Was ist mit ihr? Mit Tara. Kannst du dich an sie nicht mehr erinnern?«

»Warum sollte ich?«, gab er zurück. »Auf so einer Party trifft man jede Menge Leute.«

»Schau genau hin.« Tara hatte genug von dem Versteckspiel. Es widerstrebte ihr, sich von Saschas Selbstsicherheit einschüchtern zu lassen. Sie stand auf und drehte sich einmal um die eigene Achse. »Komm ich dir nicht ein klitzekleines bisschen bekannt vor?«

»Nein!«

»Soll ich mich vielleicht aufs Bett legen?«

»Ich weiß nicht, was du vorhast«, sagte er und lachte wieder. »Leider bist du nicht mein Typ.«

Er fiel Tara in den Arm, ehe sie zuschlagen konnte. »Hey, Vorsicht. Spinnst du?«

Tara riss sich los, ging wütend zu der offenen Glastür und hielt sich an dem Gitter fest. Steffen und Nikola sagten kein Wort.

Sascha dachte an Taras letzte Worte. Langsam dämmerte es ihm. »Du bist das Mädchen, das ich –«

»Genau.« Tara fuhr herum. »Aber diesmal bin ich stocknüchtern.«

»Warum hast du das nicht gleich gesagt?«, fragte er entgeistert. »Seit wann trägst du deine Haare so kurz? Tut mir Leid, aber ich hab dich einfach nicht wiedererkannt.«

Sein Blick fiel auf Steffen und Nikola. Das Mädchen schien zu triumphieren. Der Junge war kurz davor zu platzen. »Warum hast du deine beiden Freunde mitgebracht? Ich meine, wär es nicht besser, wir würden allein drüber reden?«

»Wir möchten wissen, was du mit Tara gemacht hast«,

sagte Steffen so ruhig, dass Tara eine Gänsehaut bekam. »Als du mit ihr in ihrem Zimmer warst.«

Sascha atmete hörbar aus. Allmählich begriff er, worum es ging. Er musterte die drei von neuem. Sie waren alles andere als eine verschworene Gemeinschaft, die ihn empört zur Rede stellen wollte. Es kam ihm so vor, als verfolgte jeder von ihnen seine eigene fixe Idee. Nur was sie von ihm und Tara dachten, war sonnenklar.

»Du warst betrunken«, begann er. »Schwer betrunken. Sternhagelvoll. Zu viel Alkohol und keine Ahnung, was sonst noch alles.«

»Wird das eine Entschuldigung?«, fragte Steffen, der sich kaum mehr beherrschen konnte.

»Als du dich ausgezogen hast, bist du dauernd umgefallen«, fuhr Sascha fort und schaute dabei unverwandt Tara an. »Kein schöner Anblick, kann ich dir versichern. Du hast gar nicht gemerkt, dass ich da war.«

Nikola grinste. »Und weiter?«

»Dann bist du eingeschlafen. Kein Wunder, du hattest mehr als genug.«

Wieder Schweigen. Tara schaute starr vor sich hin.

»Sie hat also geschlafen«, sagte Steffen drohend.

»Wie ein Stein, zumindest am Anfang«, erwiderte Sascha und wandte sich dem Jungen zu. »Es wäre mir recht gewesen, wenn sie davor noch gekotzt hätte, aber dazu war sie wohl nicht mehr in der Lage.«

Für ein paar Augenblicke genoss Sascha die Verwirrung. »Deine Eltern waren nicht im Haus, sonst hätte ich sie verständigt. Ich habe regelmäßig den Pupillentest gemacht, ihr wisst schon, um zu sehen, ob Tara bewusstlos würde. Dann hätte der Notarzt kommen müssen und es wäre eine große Sache geworden. Aber das vermeidet man besser in eurem Alter. Stabile Seitenlage reichte in deinem Fall völlig aus.«

Fassungslos blickte Tara in die Runde. Steffen schaute sie zweifelnd an.

»Ich hab ja schon viel gehört«, sagte Nikola, »aber diese Ausrede schießt den Vogel ab. Du willst uns doch nicht weismachen, dass du an ihrem Bett gewacht hast, bis sie ihren Rausch ausgeschlafen hat? Für wie dämlich hältst du uns eigentlich?«

»Nicht für dämlich. Aber für misstrauisch. Und boshaft.«

»Ich hab doch gehört, wie ihr gestöhnt habt!« Nikola schäumte. »Ein Porno ist ein Dreck dagegen!«

Sascha ignorierte sie. »Du hattest Albträume, Tara. Ehrlich gesagt habe ich es mit der Angst gekriegt. Ich wollte doch noch in der Leitstelle anrufen, aber nach einer Weile hast du dich wieder beruhigt.« Er hob die Arme. »Was ich mit dir gemacht habe? Ich hab gemerkt, dass du Hilfe brauchst. Und da niemand anderes bei dir war«, er blickte zu Nikola, »hab ich mir die Nacht um die Ohren geschlagen.« Er griff in seine Hosentasche und holte seinen Geldbeutel raus. »Ich bin Ersatzdienstleistender. Hier, mein Ausweis.«

Nikola starrte ihn ungläubig an. Steffen nahm den Ausweis. Sascha war beim Malteser Hilfsdienst beschäftigt. Er gab ihn zurück, als hätte er sich verbrannt.

»Das beweist natürlich gar nichts«, setzte Sascha hinzu. »Aber vielleicht glaubt ihr mir trotzdem. Zwischen Tara und mir ist nichts gelaufen. Null Komma null.« Er stand auf. »Und jetzt muss ich zum Dienst. Schließt einfach die Tür, wenn ihr verschwindet. Hier wird jede Menge geklaut.«

Damit wandte er sich zum Gehen.

»Warte!«, sagte Tara und eilte zu ihm. Sie kam sich schrecklich klein vor, wie er da vor ihr stand und mit seinem Schlüsselbund klimperte. Er schien nicht mal zu erwarten, dass sie ihn um Verzeihung bat. Wahrscheinlich hielt er das Ganze für eine kindische, völlig überzogene –

Er hat es eilig, sagte sie sich. Fass dich kurz, Tara. Sascha sollte nicht gehen, bevor er erfuhr, warum sie eigentlich zu ihm gekommen war.

»Ich habe mich vermutlich mit HIV infiziert. Auf dieser Party. Bevor ... du mich ins Bett gebracht hast«, sprudelte es aus ihr hervor. »Deswegen bin ich hier. Ich wusste nicht mehr, was in meinem Zimmer passiert ist. Ich dachte, du ... na ja, du weißt, was ich dachte. Ich musste dich unbedingt finden, damit ... um dir zu sagen ...«

Tara gingen die Worte aus. Sie hatte zu viele Erklärungen dieser Art formulieren müssen. Eine war demütigender als die andere gewesen. Diese war am demütigendsten.

Sascha brauchte eine Weile, bis er begriff. »Wie war das? Du hast dich vielleicht mit HIV angesteckt?«

»Morgen soll ich wieder eine Blutprobe abgeben. Dann sagen sie mir, ob ich's habe oder nicht.« Sie hielt inne. »Ich weiß nicht, ob ich überhaupt hingehe.«

»Diese Nacht bei dir war hart«, sagte Sascha. »Soll sie umsonst gewesen sein?«

28

Eine weitere Woche. So lange dauerte es, bis das Labor das Ergebnis nach Bamberg schickte. Doktor Brunn gab Tara und ihrer völlig aufgelösten Tante Ros eine Lehrstunde in HIV-Diagnostik. Der Bestätigungstest hieß mit der Fachbezeichnung »Western-Blot-Test«. Dabei wurden alle Viren, die sich in Taras Blut fanden, in Zellkulturen vermehrt, gereinigt, in ihre Bestandteile zerlegt und entsprechend ihrem Molekulargewicht aufgetrennt. Dann wurden sie mit dem Patientenserum inkubiert. Falls eine Antigen-Antikörper-Reaktion erfolgte, wurde diese auf einem Teststreifen sichtbar gemacht. Auch hier gab es Fehlerquellen, aber die waren verschwindend gering. Außerdem wurden dem HIV-Verdächtigen immer zwei Blutproben entnommen und unabhängig voneinander getestet, um Verwechslungen auszuschließen.

Tara konnte also sicher sein, dass das neue Ergebnis endgültig sein würde. Es blieb ihr nichts anderes übrig, als die letzte Wartezeit irgendwie durchzustehen. Es wurde schlimmer, als sie erwartet hatte.

Ihre Eltern standen kurz vor der Trennung. Bert hatte zu wenig unternommen, um der Beziehung eine andere Wendung zu geben. Er war außerstande, mit Ullas neuem Durchsetzungsvermögen umzugehen. Es beeindruckte ihn, aber er konnte nicht aus seiner alten Haut. Vor allem aber fehlte das Eingeständnis seiner Schuld. Ulla wollte nichts genervt Dahingesagtes hören, sondern zumindest eine Andeutung echter Reue. Die blieb jedoch aus.

Dann klappte Tante Ros zusammen. Sie hatte Nierenprobleme, nichts Ernstes, wie sie andauernd versicherte, aber sie musste dennoch für einige Tage im Krankenhaus bleiben. Sie wünschte Tara viel Glück und versprach ihr ein rauschendes Fest, wenn das Testergebnis negativ war. Tara hielt nicht das Geringste von rauschenden Festen, behielt das aber für sich.

Steffen rückte damit heraus, dass er mit Nikola geschlafen hatte. Gründlich, wie er war, ließ er kein Detail aus. Tara war enttäuschter, als sie vorgab zu sein. Schließlich konnte sie Steffen keinen ernsthaften Vorwurf machen, er hatte sich ja nicht mehr an sie gebunden gefühlt. Aber Steffen und Nikola? Wer hatte da wen verführt? Es gehörten ja immer zwei dazu. Tara fühlte sich überflüssig. Als laborierten alle Menschen, die ihr nahe standen, an ihren eigenen Problemen und hätten keine Gedanken mehr übrig für sie, die alles ausgelöst hatte.

»Danke, dass du es mir gesagt hast«, erwiderte sie schließlich.

Steffen entfachte vor dem Schuppen ein Feuer. Tara überkamen gemischte Gefühle, aber ein Feuer war nur ein Feuer. Der Geist von Claas würde nicht um die Ecke biegen und protestieren.

»Ich glaube, Nikola möchte unbedingt so sein wie ich«, sagte Tara.

»Kommt mir auch so vor«, sagte Steffen.

»Kann man sich mehr Zuneigung wünschen?«

»Komische Art, jemandem seine Freundschaft zu zeigen. Ich hab eher den Eindruck, dass sie deinen Platz einnehmen will.«

»Na und? Ich hab keinen festen Platz. Wer kann das schon von sich sagen?«

Steffen gab dem Feuer mehr Nahrung. So hatte er sich vor langer Zeit diesen Sommer vorgestellt: mit Tara vor knisternden Holzscheiten sitzen und Träume in den Himmel schicken. Es war anders gekommen.

»Nikola wird noch begreifen, dass es nichts bringt, wie jemand anderes sein zu wollen«, fuhr Tara fort. »Solange du nicht auf deinen eigenen Füßen stehst, bleibst du ein Niemand. Denk an Sascha. Der hat zwar nur eine schäbige Wohnung, aber wenn er in den Spiegel sieht, weiß er, dass er zu etwas nütze ist. Was meinst du, wie oft der zu Unfällen gerufen wird und vollen Einsatz geben muss?«

»Das kannst du nicht verallgemeinern. Wir können nicht alle bei einem Rettungsdienst sein.«

»Dann nehmen wir einfach dich.« Tara warf ihre Zigarettenkippe in die Glut. Inzwischen kaufte sie sich fast jeden Tag eine neue Packung. »Du hast mir vor einiger Zeit vom Bergungstod erzählt. Hast du das selbst bei der Wasserwacht erlebt?«

»Ja.«

»Du warst dabei, wie jemand gestorben ist, weil er … die Beine im falschen Augenblick hochgelegt hat?«

»So ungefähr«, gab Steffen zurück.

»Dann sag ich dir eins: Ich hab nichts dergleichen zu erzählen. Von mir kann niemand sagen: Danke, Tara, dass du mir geholfen hast, das werde ich dir nie vergessen. So was kriege ich mit Sicherheit nie zu hören. Im Gegenteil: Momentan bin ich es, die den Menschen sagt: Ohne euch wäre ich aufgeschmissen.«

»Das muss nicht so bleiben.«

»Es kann so bleiben, bis ich sterbe. Wer wird mich pflegen, wenn die Krankheit ausbricht, in zehn Jahren oder morgen früh? Meine Eltern? Tante Ros?«

»Das werden sie bestimmt tun.«

»Weil sie dazu verpflichtet sind, auch im moralischen Sinne. Und was ist mit mir?« Tara vergrub den Kopf zwischen den Knien. Die Wärme des Feuers brachte ihre Fußsohlen zum Glühen. »Ich kann nicht mal richtig Querflöte spielen.«

Tara stand auf und holte mehr Holzscheite. Dass Steffen den letzten Abend, bevor sie das Testergebnis erfuhr, mit ihr verbrachte, bedeutete ihr viel. Sie hatte sich den Wunsch, die Ereignisse seit der Party ungeschehen zu machen, abgewöhnt.

»Erzähl mir noch mal, wie es mit Nikola war«, sagte sie und fachte das Feuer an. Im Obergeschoss des Hauses wurde das Licht gelöscht. Das war Ulla. Die beiden Kellerfenster waren weiterhin erleuchtet. Das war Bert.

»Bist du Masochistin?«, fragte Steffen.

»So was Ähnliches.« Tara streichelte die Katze, die sich an ihren Waden rieb. Sie hatte im Schuppen Junge bekommen. In Taras Wäschesack. Erst nach einer Weile war Tara auf die Idee gekommen, ihr einen Ersatz in Form einer Kissenlandschaft herzurichten. Die Kissen stammten aus dem Wohnzimmer und waren handgenäht. Die Katze akzeptierte sie.

»Fangen wir noch mal von vorn an«, sagte Tara. »Wie seid ihr eigentlich am Regnitz-Ufer gelandet? Das ist ziemlich ... gewagt.«

»Frag mich bitte nicht«, wehrte Steffen ab. »Ich war jenseits von Gut und Böse.«

»Na ja, nicht ganz. Alles andere hat doch ganz gut geklappt«, sagte Tara spitz.

»Ich hab mich über mich selbst gewundert.«

»Und Nikola hat wirklich mit einem Schaumovulum verhütet?«, fragte Tara. »Wahrscheinlich weil Britta an diese Dinger glaubt.«

»Wahrscheinlich.«

»Hat das nicht höllisch gebrannt?«

»Davon hab ich nichts mitgekriegt.«

»Du hast dich ja auch immer drauf verlassen, dass ich die Pille nehme.«

»Nikola muss ganz schön geschwitzt haben«, sagte Steffen. Er hatte genau registriert, wie nervös sie nach dieser Nacht geworden war.

»Eigentlich hätte *dir* der Arsch auf Grundeis gehen müssen. Von Verhütung hältst du wohl nichts?«, fragte Tara.

»Moment mal, ich hab jetzt immer Kondome dabei.«
Er holte eine Packung aus seiner Tasche. »Siehst du!«

»Du bist süß.«

Steffen lächelte.

»Aber du hast dir noch nie so ein Ding übergestreift. Also mach dich nicht über Nikola lustig.«

Er verstummte und stocherte mit einem Stecken im Feuer.

»War es ihr erstes Mal?«, wollte Tara wissen.

»Angeblich nicht.«

»Hast du nichts gemerkt?«

»Was denn?«

»Willst du damit sagen, du weißt nicht, wie es bei mir war?«, fragte Tara. Sie erwog, ihm ein Holzscheit über den Schädel zu ziehen.

»Wie war es denn bei dir?«, fragte er, reichlich verunsichert.

»Versuch, dich zu erinnern. Ist ja nicht lange her.« Es war höchste Zeit, dass sie über dieses Thema sprachen. Bevor er nach Hause ging.

29

Tara bestand darauf, dass ihre Eltern sie begleiteten. Ulla fand das seltsam, da ihre Tochter bislang allein zurechtgekommen war und keinen Wert auf ihre Anwesenheit gelegt hatte. Bert, der sich immer stärker ausgeschlossen fühlte, stimmte sofort zu. Er hatte sich den Tag schon lange freigenommen. Auch den ganzen Monat danach. Es schmerzte ihn, wie ihm entglitt, was er sich einbildete, im Lauf der Jahre aufgebaut zu haben. Er sah schlecht aus, hatte Ringe unter den Augen. Viel geschlafen hatte er in der letzten Zeit nicht.

»Sind wir hier richtig?«, fragte Ulla. Das Erdgeschoss des Postgebäudes sah nicht so aus, als würden sich weiter oben öffentliche Ämter verbergen. Türen und Gänge zu verschiedenen Läden und Geschäften zweigten von der Eingangshalle ab. Die Post nutzte einen anderen Teil des Gebäudes und hatte den Rest vermietet.

»Zweiter Stock«, sagte Tara.

Sie betraten den Aufzug. Tara betätigte die entsprechende Taste. Bert und Ulla sahen aneinander vorbei.

»Ich brauch euch«, sagte Tara.

Ihre Eltern reagierten nicht. In den letzten Tagen hatten sie nur getrennt voneinander mit Tara geredet, jeder für sich. Momentan waren sie ganz in Gedanken.

Tara drückte die Stopptaste. Der Aufzug hielt an. »Habt ihr nicht gehört?«

»Wie?«, fragte Ulla überrascht.

»Tante Ros liegt im Krankenhaus, deshalb komme ich mit euch hierher. Habt ihr euch irgendwas zu sagen, was es mir leichter machen würde?«

Bert begriff als Erster. »So etwas kannst du nicht erzwingen, Tara. Das ist eine Sache zwischen deiner Mutter und mir.«

»Wahrscheinlich ist es nur eine Sache zwischen dir und dir«, erwiderte Tara. »Schließlich hast *du* damit angefangen, Ulla zu betrügen.«

»Das kann man nicht so einfach sagen.«

»Das kann man nicht so einfach *zugeben*, meinst du wohl«, entgegnete Tara. »Hat dir dein Anwalt dazu geraten?«

»Das ist doch sinnlos«, sagte Ulla. Enge, geschlossene Räume machten sie nervös. »Sprechen wir später darüber.«

»O nein, wir sprechen jetzt drüber«, beharrte Tara. »Wie lange wollt ihr euch noch in euren Beziehungsproblemen suhlen? Wisst ihr eigentlich, was da oben auf mich wartet? Was macht ihr, wenn ich mich infiziert habe? Trennt ihr euch? Mit welcher Begründung? Habt ihr schon vereinbart, wer das Sorgerecht für die missratene Tochter bekommt?«

»Werd nicht rührselig«, sagte Ulla.

»Wann wäre denn ein geeigneter Zeitpunkt dafür?«, fragte Tara.

Die Stopptaste des Aufzugs leuchtete stumm. Die Kabine stand still. Ein leises Ächzen war zu hören.

»Das klappt nicht«, sagte Bert.

»Wann, wenn nicht jetzt?«, fragte Tara.

Er blickte an die Decke. Unter den mattierten Scheiben leuchteten Neonröhren.

»Sag, was es zu sagen gibt«, begann Ulla. »Mein Wort darauf, dass ich es nicht gegen dich verwende.«

Bert zögerte, völlig überrumpelt von dieser plötzlichen Konfrontation.

»Tara ist Zeugin«, fuhr Ulla fort. »Aber sie wird nichts verraten, oder?«

Tara schüttelte den Kopf. »Du hast nichts zu verlieren, Paps.«

Er machte einen Schritt zur Aufzugtür, blieb vor dem schmalen Spalt in der Mitte stehen und ballte die Hände zu Fäusten.

»Wir haben wahrscheinlich zehn Minuten«, sagte Tara und setzte sich auf den Boden. »Falls es in diesem Gebäude jemanden gibt, der den Aufzug überwacht.«

Die Sekunden verstrichen. Ulla trat unruhig von einem Fuß auf den andern. Dann tat sie es Tara gleich und ließ sich ebenfalls nieder.

Bert starrte immer noch auf die Tür. Wenn er die Stopptaste erneut betätigte, würde der Aufzug vermutlich weiterfahren. Seine Familie wäre dann Vergangenheit. Und die Zukunft war ungewiss, so oder so, für jeden von ihnen.

Mit einem Ruck drehte er sich um. »Pass gut auf!«,

wies Bert seine Tochter an. »Ich mach das nur wegen dir.«

Er ging in die Hocke und zählte seine Seitensprünge nacheinander auf. Er ließ nichts aus. Er berichtete, ohne zu werten oder sich zu rechtfertigen. Angeblich waren seine Verhältnisse immer nur kurz gewesen. Kurz und heftig. Doch keines hatte ihn dazu veranlassen können, seine Familie zu verlassen. Immer hatte ihm etwas gefehlt.

Ulla verfolgte alles mit unbewegter Miene und nickte nur hin und wieder bestätigend. Sie wirkte, als würde ihr eine Diagnose mitgeteilt, die sie seit langem geahnt und auf deren Bestätigung sie nur noch gewartet hatte. Sie schwieg, als er fertig war.

Am Anfang hatte Berts Stimme sicher und entschlossen geklungen. Ein Mann, der sich dazu durchgerungen hatte, die Wahrheit zu sagen. Nach und nach war sie immer dünner und leiser geworden. Er war in sich zusammengesunken. Jetzt betrachtete er den Boden.

»Es tut mir Leid!«, flüsterte er. »Leid, Leid, Leid. Das wolltet ihr doch hören?«

Ulla erhob sich und sagte nichts.

Tara drückte erneut die Stopptaste, woraufhin der Aufzug sich wieder in Bewegung setzte. Sie kamen im zweiten Stock an. Es war ihr egal, was dieses Geständnis wert war. Hauptsache, ihr Vater hatte es abgelegt und Ullas Rätselraten hatte ein Ende.

Sie wollte auch gar nicht, dass ihre Eltern sie zu Doktor Brunn begleiteten. »Bleibt hier«, sagte sie, wies auf den Warteraum und ging zur Anmeldung. Dort wurde sie gleich ins Sprechzimmer durchgelassen.

Doktor Brunn hielt sich nicht zurück. Er empfing Tara auf eine Weise, an die sie sich noch lange zurückerinnern sollte. Als er sie in die Arme schloss und hochhob wie jemanden, den man nach einer langen Reise willkommen heißt, wusste Tara, dass es vorbei war. Der Befund lautete: negativ.

30

Sie warteten auf dem Platz vor dem Postgebäude. Steffen, Janine, Mellie und Dschingis. Sogar Sascha und Karl waren da. Nikola fehlte.

Ein Sektkorken knallte, worauf eine Schar Tauben aufflog und lärmend Richtung Bahnhof davonflatterte. Bert hatte die Flasche aus dem Auto geholt, verteilte Pappbecher und versuchte, eine aufgekratzte Stimmung zu verbreiten. Mellie und Janine kreischten wie durchgeknallte Cheerleader. Steffen schenkte Tara seine Wasserwacht-Jacke.

Sie bedankte sich mit einem zärtlichen Kuss auf seine Wange und hängte sich die Jacke über die Schultern. »Damit kann mir nichts mehr passieren«, sagte Tara. Sie lächelte erleichtert. Vor Überraschung war ihr noch gar nicht nach Feiern zumute. Aber sie freute sich, wer alles gekommen war. Dschingis klatschte sie ab, Mellie und Janine fielen ihr um den Hals und wollten sie nicht mehr loslassen.

Tante Ros hatte eine Karte geschickt, die Ulla unter Tränen vorlas. Ros hat sich viel zu viel Mühe gemacht mit ihren Versen, fand Tara. Dass alle Leute ihr gratulierten, irritierte sie. Glückwünsche wofür? Sie war dem Tod ja nicht von der Schippe gesprungen, auch wenn sie jeder drückte und herzte, als wäre sie zurückgekehrt ins Reich der Lebenden. Sie war gesund, nicht mehr und nicht weniger.

Erst nach und nach kam ihr zu Bewusstsein, was hinter ihr lag. Was sie jetzt besaß. Das Gefühl, unversehrt zu sein. Keinen Virus mit sich herumzutragen, sondern nur die Erfahrungen, die sie mit in die Zukunft nahm. Sie betrachtete die Steinplatten auf dem Boden. Wenn es eine Wiese gewesen wäre, hätte sie sich mit ausgebreiteten Armen in den Klee gelegt und die Augen geschlossen, um jede Faser ihres Körpers zu spüren. Und an jene zu denken, mit denen sie glücklich gewesen war. Steffens Jacke roch nach dem Rasierwasser, das er seit neuestem benutzte. Zitrone und Heidekraut. Gar nicht übel, fand sie.

Tara hob den Kopf. Pfarrer Löns kam auf sie zu. Er brachte Sandra Altmann mit, die Mutter von Claas. Die letzten Monate waren für sie mindestens genauso entsetzlich gewesen. Das wurde Tara klar, als die Frau sie am Handgelenk packte und ihre drängendste Sorge aussprach: »Hat Claas dich angesteckt?« Sie wollte es von Tara selbst hören.

»Nein.« Tara nahm Sandra Altmann sanft am Arm und begleitete sie über den Platz.

Sie konnte ihr nicht viel über Claas erzählen. Das Wenige, was sie von ihm wusste, beschränkte sich auf seine Art zu reden, sich zu bewegen, ein Mädchen zu küssen. Er war rücksichtsvoll gewesen. Sein Leichtsinn hatte auch seine guten Seiten gehabt. Die würde sie nicht vergessen. Er hatte etwas verkörpert, was aus Taras Leben für immer verschwunden war. Sie würde jedes Mal daran denken, wenn sie den Schlüssel zum Schuppen vom Querbalken nahm.

Über seine Angst vor der Dunkelheit sprach Tara nicht.

Günther Bentele
Schwarzer Valentinstag

352 Seiten   cbt 30146

Stuttgart, 1347: Betrug mit falschen Gewichten lautet die Anklage. Enteignung und Vertreibung der Richtspruch. Von langer Hand ist die Intrige gegen Christophs Vater vorbereitet worden. Während Christoph nach Hintermännern und Beweisen sucht, verliebt er sich in die Jüdin Esther. Doch die Zeiten sind gefährlich: Die Pest bricht aus und man gibt den Juden die Schuld ...

www.cbj-verlag.de

Manfred Theisen
Amok

160 Seiten cbt 30175

In der Schule war Alexander schon lange nicht mehr. Er, der schlechte Schüler, hat sich krank gemeldet, sich in eine Scheinwelt geflüchtet, sich in eine Liebesbeziehung mit Doro verrannt, die nur in seinem Kopf existiert. Doch dann fliegt Alex auf. Die Schule hakt nach, der Vater demütigt ihn, Doro nennt ihn einen Perversen – und bei Alexander brennen die Sicherungen durch …

www.cbj-verlag.de